Como el
Buen Pastor

I0809574

UNA GUÍA PARA EL ESPOSO

COMO EL BUEN PASTOR

LIDERA TU MATRIMONIO CON AMOR Y GRACIA

ROBERT WOLGEMUTH

PRÓLOGO POR NANCY DEMOSS WOLGEMUTH

EDITORIAL PORTAVOZ

La misión de *Editorial Portavoz* consiste en proporcionar productos de calidad —con integridad y excelencia—, desde una perspectiva bíblica y confiable, que animen a las personas a conocer y servir a Jesucristo.

Título del original: *Like the Shepherd* © 2017 por Robert D. Wolgemuth y publicado por Regnery Faith, un sello editorial de Regnery Publishing, una división de Salem Media Group, 300 New Jersey Ave NW, Washington, DC 20001. Traducido con permiso.

Edición en castellano: *Como el Buen Pastor* © 2017 por Editorial Portavoz, filial de Kregel, Inc., Grand Rapids, Michigan 49505. Todos los derechos reservados. Publicado por acuerdo con Regnery Publishing.

Traducción: Ricardo Acosta

Las cursivas añadidas en los versículos bíblicos son énfasis del autor.

EDITORIAL PORTAVOZ
2450 Oak Industrial Drive NE
Grand Rapids, Michigan 49505 USA
Visítenos en: www.portavoz.com

ISBN 978-0-8254-5782-1 (rústica)
ISBN 978-0-8254-6691-5 (Kindle)
ISBN 978-0-8254-7507-8 (epub)

Impreso en los Estados Unidos de América
Printed in the United States of America

A Arthur S. DeMoss

Este libro está dedicado con profundo aprecio a un hombre que no tuve la alegría de conocer. Su muerte prematura ocurrió en 1979, el fin de semana en que su hija mayor (mi esposa Nancy) cumplió veintiún años. Nancy, la esposa de Art, y sus siete hijos han extrañado en gran manera la presencia, el amor y el liderazgo de este esposo y padre. Pero Art DeMoss dejó una huella imborrable en cada uno de ellos, y también en las vidas de miles de personas en todo el mundo que llegaron a la fe en Cristo mediante el testimonio personal de Art. Este hombre fue un buen pastor para su esposa, su familia y muchos otros. Estoy profundamente agradecido por su ejemplo.

CONTENIDO

Prólogo

por Nancy DeMoss Wolgemuth

Decir que enamorarse a los cincuenta y seis años de edad era inesperado sería una gran subestimación. A pesar de que había sido una fuerte defensora de la institución del matrimonio y nunca había descartado la posibilidad de casarme, siempre había profesado un fuerte sentido de estar aislada y de ser llamada a servir al Señor como mujer soltera. A lo largo de mi vida adulta, el matrimonio simplemente no me había llamado la atención.

Todo eso cambió el día en que cierto caballero expresó interés en establecer una relación conmigo. Para mi asombro y el de todos los que me conocían, mi corazón se sintió atraído a decir sí. Ese hombre fue Robert Wolgemuth, un viudo a quien yo había conocido profesionalmente como mi agente literario una docena de años antes.

Así comenzó un viaje que condujo a nuestro matrimonio nueve meses después. Todo se desarrolló de un modo que ninguno de nosotros jamás pudo haber imaginado. Pero Dios nos concedió paz a través del proceso, mientras confiábamos en que Él estaba escribiendo esta historia y dirigiendo nuestros pasos.

La imagen de un pastor fue un tema importante y recurrente desde el inicio de nuestra relación. En nuestras conversaciones y mensajes de texto nos referíamos a menudo al Señor como nuestro

Pastor, e invocábamos su sabiduría, guía, provisión y cuidado. Tanto es así, que «nuestra canción» pronto llegó a ser «Señor, guíanos como un pastor». Sigue siendo la oración de nuestros corazones que nuestro Señor nos guíe, que conozcamos su voz y que lo sigamos gustosamente.

Desde el principio supe que el modelo bíblico del Buen Pastor era el patrón del entendimiento que Robert tenía del llamado de un esposo. En una de nuestras primeras conversaciones telefónicas, al reflexionar en su matrimonio de cuarenta y cuatro años con su difunta esposa Bobbie, Robert declaró, casi de pasada: «Me gustaba estar casado, porque me agradaba pastorear a mi esposa».

Tales palabras casi me dejan sin aliento. Me llamó la atención que no hubiera dicho que le gustó estar casado debido a algo que su esposa hizo por él; es decir, alguna necesidad que ella le satisficiera. Al contrario, a este hombre le gustaba estar casado porque le encantaba servir, bendecir y cuidar a su esposa, además de proveer para las necesidades de ella y guiarla. Le gustaba ser pastor.

Nunca he oído a otro hombre describirse o describir su matrimonio de este modo. Esto conquistó mi corazón. Poco después, esta mujer fuerte, fundadora y directora de un ministerio nacional que había pasado años pastoreando a otros, se encontró dispuesta a seguir a este hombre con el anhelo de ser pastoreada por él.

Inexperta en asuntos de amor y matrimonio, me ayudó haberme criado en un hogar con un padre con corazón de pastor. Art DeMoss tomó en serio su responsabilidad de seguir a Cristo y guiar a su familia a hacer lo mismo. Dio prioridad a las necesidades de su familia por sobre las implacables exigencias de su próspero negocio. Él vivió la exhortación que se encuentra en el libro de Proverbios: «Sé diligente en conocer el estado de tus ovejas, y mira con cuidado por tus rebaños» (27:23). Así que yo sabía lo que era confiar en un pastor terrenal.

Al meditar en el matrimonio, el cual sabía que exigiría un ajuste enorme, sentí que podía confiar en el corazón de Robert porque a diario lo veía tratando con fervor y humildad de seguir a nuestro

Pastor. Sabía que Robert no iba a ser un esposo perfecto (como yo tampoco iba a ser una esposa perfecta), pero sí sabía que podía confiar en que nuestro Pastor iba a guiar nuestro hogar por medio de este pastor humano.

Robert escribió este libro durante nuestro primer año de matrimonio. ¿Puedes imaginar el gozo de estar casada con un hombre que pasa sus primeras horas analizando lo que significa para un marido pastorear a su esposa? (¡Pensé que mi parte era asegurarme de que tuviera muchas ilustraciones de la vida real!). Él es un pastor amoroso, cariñoso y tierno que se ha ganado mi corazón y me ha dado el placer de permitirle que me guíe, un hombre que trata de seguir a diario la dirección del Gran Pastor.

Mi oración es que este libro te ayude a entender mejor y a vivir tu llamado a reflejar el corazón de ese mismo Gran Pastor en tu matrimonio y familia, a dar tu vida por los que Él ha puesto a tu cuidado. Puedo asegurar que con raras excepciones, esto es algo que tu esposa anhela y que probablemente responderá en formas que nunca habrías podido soñar a ese tipo de liderazgo lleno de compasión y amor.

No es un secreto que la mayoría de libros cristianos son comprados por mujeres. Si eres un esposo, es muy probable que tu esposa ponga esta obra en tus manos. (O tal vez ni siquiera estás sosteniéndolo, ¡sino que más bien estás escuchando cómo tu esposa te lo lee!).

Si eres una esposa, simplemente te diría: «Deja que tu esposo te pastoree». Anímalo y reconócelo si da incluso los pasos más pequeños en esa dirección. Y cuando falle (como hará, y como tú harás), ten paciencia y la misericordia, el perdón y la gracia que deseas y necesitas que él te conceda.

Esto no quiere decir que no tengas voz en tu matrimonio, ni que debas seguir sin pensar adondequiera que tu esposo te lleve. Robert está ansioso por conocer mis ideas, perspectivas y deseos en todos los aspectos.

Mi esposo cuenta con mi opinión sobre cuestiones importantes e insignificantes y lo agradece rápidamente, incluso si tal opinión es contraria a lo que él estaba pensando. Lo motiva servirme, honrarme y poner su vida por mí en lo mejor y peor del mover cotidiano. Soy una mujer bendecida. Él también sabe que si tenemos un sentido diferente de la dirección que debemos tomar, aún después de hablar y buscar juntos al Señor acerca de un asunto, él tiene una esposa que apoyará su liderazgo. Esto requiere fe en ambas partes. Fe en nuestro Pastor. A veces algo así requiere que yo esté quieta y espere en el Señor, confiando en que se mueva en el corazón de Robert. (Estoy segura de que esto también le ocurre a él).

Muchos matrimonios se encuentran atrapados en patrones malsanos o pecaminosos. En algunos casos, la disfunción es aguda y se remonta a décadas. Esto podría describir tu matrimonio. Tal vez creas que no existe ninguna posibilidad de que alguna vez tú y tu cónyuge disfruten el tipo de relación sana, amorosa y respetuosa que Robert describe. Podrías estar convencido de que los problemas en tu matrimonio nunca se solucionarán, a menos que tu cónyuge vea la luz y cambie.

A menudo he oído a Robert resaltar lo importante que es para alguien en el matrimonio estar dispuesto a «dar el primer paso» en obedecer a Dios. No conozco el guion que el Señor está escribiendo para tu matrimonio, pero creo firmemente que si tienes la disposición de «dar el primer paso» en aplicar las verdades que se encuentran en este libro, con el tiempo verás cambios en tu relación y en tu hogar. Y aunque tu cónyuge no cambiara, si confías en tu Buen Pastor y estás decidido a seguirlo, puedes tener la confianza de que cuidará de ti y satisfará tus necesidades como solo Él puede hacer.

Me puse a escribir este prólogo tarde una noche en medio de una semana atestada de fechas límite y proyectos. Terminé recobrando energías y trabajé toda la noche. Huelga decir que Robert se sorprendió un poco cuando bajó las escaleras a las cuatro y treinta de la madrugada para comenzar su día en la Palabra y en la oración, y yo aún estaba trabajando en mi computadora. Sentí su preocupación respecto al precio que una noche en vela cobraría en mi bienestar. Se arrodilló a mi lado y oró como lo hacemos juntos al inicio de cada nuevo día. Acabó su oración diciendo con ternura: «Y Señor, ayúdame por favor a saber cómo proteger y pastorear a esta mujer». ¡En ese momento me recomendó dirigirme a la cama y dormir un poco!

El ánimo expresado en esa sencilla oración significó para mí, incluso con mi falta de sueño, más de lo que él pudo haberse dado cuenta. Qué dulce sensación de seguridad, gratitud y paz trajo esto a mi corazón. Y qué deseo incrementado sentí tanto de bendecir a este hombre fabuloso como de amarlo.

Un esposo difícilmente logra imaginar lo que significa para su esposa oírle hacer esa clase de oración por ella, oírle reconocer que no puede lograrlo por sí mismo, oírle decir que necesita dirección y ayuda (¡algo que me han dicho que es difícil pedir para algunos hombres!), y oírle expresar que está buscando que el Pastor de su alma le proporcione lo que necesita para pastorear a la esposa que el Señor le ha puesto bajo su cuidado.

Robert y yo estamos orando por ti mientras lees estas páginas, y con amor y misericordia intentas guiar tu matrimonio. Que Él te dé un corazón como el del Buen Pastor.

Nancy DeMoss Wolgemuth
Marzo, 2017

PREFACIO

He aquí una emocionante manera de empezar un libro... una corta lección de español. ¿Listo? «Pastor» es sustantivo y «pastorear» es verbo. Lo primero es lo que eres y lo segundo es lo que haces.

En tu matrimonio eres pastor, sustantivo. Y la forma en que realizas la tarea es pastorear, verbo. Se acabó la clase.

Si hubieras vivido en los suburbios occidentales de Chicago a finales de la década de los cincuenta, en los sesenta o los setenta, y buscaras un Pontiac, es muy probable que le hubieras comprado el auto a Eddie Ruch (se pronuncia «rush»), uno de los principales concesionarios de la marca Pontiac en el Oeste Medio y un respetado pilar en la comunidad empresarial de Wheaton.

Visitar este establecimiento fue un placer para mí como adolescente amante de los autos. Aun antes de obtener mi licencia de conducir en 1964, ya había visitado muchas veces con mi padre la sala de ventas de Eddie Ruch de la calle Front en el centro de Wheaton. Relucientes vehículos colocados sobre el pulido suelo, la fragancia a autos nuevos... ¿qué podría ser más impresionante para un muchacho?

En 1958, papá le compró a Eddie Ruch el nuevo Catalina familiar verde de cuatro puertas, el modelo de menor valor con pocos accesorios. Le habría gustado un Bonneville, pero sintió que un hombre en el ministerio debía ser menos pretencioso. Sin embargo, según parece, en 1964 papá había superado sus temores sobre la presunción, y compró el Bonneville justo para mi último año en la preparatoria. Puesto que el vehículo era para una familia de ocho, también era de cuatro puertas. No tan elegante como el de dos puertas, pero estupendo de todos modos.

Conducir por las calles de mi ciudad natal me daba una eufórica sensación de independencia, una muestra de virilidad. Con las ventanillas bajadas, yo solía sacar el brazo izquierdo y ponerlo contra la puerta. Esta era «la moda». Era genial. Y me sentía sumamente bien.

Encuentro con Eddie Ruch

En el verano de 1961 me hallaba jugando fútbol americano con mis amigos en nuestro patio trasero. El aire era denso. Pesado. Pero a los chicos no nos importaba. A poca distancia estaba la intersección de las calles Roosevelt y Main. De pronto nuestro partido fue interrumpido por el sonido de bocinas y el chirrido de neumáticos. Entonces los sonidos se detuvieron abruptamente con un ruido sordo, seguido al instante por el estallido de cristales. Un vehículo no se había detenido ante la señal de pare en la calle Main. Como harían los muchachos, corrimos para mirar de cerca.

Afortunadamente, nadie resultó mal herido. Ya que esta intersección estaba a pocas cuadras de la calle Front, llamaron a la escena una grúa de Eddie Ruch Pontiac. Esta llegó para remolcar uno de los vehículos que se hallaban en medio de la intersección. Del radiador del auto salía vapor silbando, lanzando al aire una columna blanca.

Observé mientras un tipo bajito, calvo, con lentes gruesos, orejas enormes y una gran sonrisa bajaba de la cabina de la grúa y se ponía rápidamente a trabajar. Las mangas de la camisa manchada de sudor estaban remangadas por sobre los codos, y supusimos que este no era su primer llamado del día. La calle estaba bloqueada por los autos, así que el hombre no perdió tiempo, extrajo una larga cadena de la plataforma de la grúa y se metió debajo del auto para engancharlo con el extremo de la cadena.

Pronto el hombre salió de debajo del auto y regresó a la grúa. Tiró de una de las palancas y comenzó a halar. La cadena se tensó, levantando cuidadosamente del pavimento las llantas delanteras del auto dañado. Me encantó esta parte. El diminuto individuo que en silencio movía las palancas tenía el control.

Entonces, por primera vez, observé un parche en el bolsillo de la camisa con las palabras «Eddie Ruch Pontiac» y otro con su primer nombre.

«Eddie».

Solo Eddie.

Ya lo supusiste, ¿verdad? Correcto. El hombre con la tierna sonrisa, las manos firmes y callosas, y la grasa negra alrededor de los bordes de cada una de las uñas era el mismo Eddie Ruch. La grúa, los relucientes autos nuevos, el departamento de servicio y todo el negocio le pertenecían.

Si tu auto se varaba y necesitabas una grúa, Eddie Ruch era el hombre. Pero si entrabas a su sala de ventas para comprar un Pontiac nuevo, no veías a Eddie por ninguna parte. En cambio, te habría ayudado Art Vanasek, tipo simpático y guapo de mandíbula cuadrada, con el cabello negro y grueso peinado hacia atrás, y la camisa blanca impecablemente limpia. El sujeto tenía éxito con los clientes, incluso con papá. Durante muchos años, Art fue uno de los principales vendedores de Pontiac.

Tanto Eddie como Art parecían felices con este reparto poco convencional de labores, que al parecer funcionaba bien.

La cabeza de tu hogar

Muchas personas no leen el prólogo de un libro, pero está claro que eres la excepción. La historia sobre Eddie Ruch y Art Vanasek es básica para entender lo que voy a decir en las páginas siguientes. El recuerdo de estos dos hombres vino a mi mente después de una conversación con mi esposa Nancy acerca del título y el subtítulo de este libro. Hablábamos de la palabra «líder».

Por supuesto que ella sabía que yo estaba escribiendo un libro con la frase «El líder de tu matrimonio» en la portada.

Esto me recordó el resumen de una frase del apóstol Pablo sobre cómo se supone que todo deba ser en nuestro matrimonio: «Quiero que sepáis que Cristo es la cabeza de todo varón, y el varón es la cabeza de la mujer, y Dios la cabeza de Cristo» (1 Corintios 11:3). Así que existe una diferencia entre *dirigir* y *liderar*, me pregunté. A veces son lo mismo. Otras veces no es así.

UN CONCESIONARIO PONTIAC NECESITA UN PROPIETARIO. UN PASTOR. UNA CABEZA. EL INDIVIDUO CON SU NOMBRE EN EL LETRERO. IGUAL PASA EN TU MATRIMONIO.

Esa noche, la historia de Eddie Ruch me despertó. No veía la hora de contársela a Nancy la mañana siguiente.

Art Vanasek era el líder del concesionario Pontiac: literalmente alguien muy adecuado para manejar las ventas de la empresa, y parecía encantarle lo que hacía. Eddie era el jefe del concesionario. Su responsabilidad principal era potenciar a Art para que tuviera éxito. Eddie comprendía sus propias fortalezas y felizmente optaba por conducir la grúa en lugar de usar camisas blancas nítidas y zapatos relucientes de vestir.

Un concesionario Pontiac necesita un propietario. Un pastor. Una cabeza. El individuo con su nombre en el letrero. Igual pasa en tu matrimonio.

Quizá no te veas como un hombre con habilidades de liderazgo, pero sigues siendo la cabeza de tu matrimonio y tu hogar. Ese es el mensaje de este libro. Y te lo estoy haciendo saber abiertamente, en el prólogo. Ahora que sabes hacia dónde me dirijo, puedes concluir que tal mensaje no es para ti. O para tu matrimonio. Si es así, entiendo. De veras.

Pero si la idea te fascina, o si crees que cuando la Biblia se refiere a algo que vale la pena considerar, incluso aceptar, entonces bienvenido a la experiencia.

Espero y oro que este libro te ayude en tu camino hacia un objetivo que tú y yo comprendemos: que llegarás a ser más como Cristo y que tu matrimonio será fortalecido.

Si esto sucede, el tiempo que pases leyendo habrá sido una buena inversión y mi misión se habrá cumplido. ¿Qué tan bueno sería eso? Muy bueno.

Dios te bendiga.

Robert Wolgemuth

INTRODUCCIÓN

Es difícil creer que estés leyendo un libro sobre cómo ser un *pastor.* Sinceramente, desde cierta perspectiva, este libro podría parecer una completa tontería. ¿Eres un pastor? ¿Soy un pastor? ¿En serio?

En un momento dado pensé poner en la portada una foto de una motocicleta Harley o de una jugada de rugby. Esto sería especialmente útil si estás leyendo el libro en un avión o durante el almuerzo en el salón de descanso de tu empresa. Me explico, ¿quién quiere que el sujeto en el asiento de la ventanilla o a tu lado en la mesa mire de reojo y vea a un hombre, *un hombre*, leyendo un libro sobre pastores y ovejas?

Sin embargo, creo en la publicidad honesta y decidí que la palabra «pastor» debía aparecer en la portada. Esto era lo correcto.

Está en la Biblia

Desde el 2009 he comenzado cada mañana con *La Biblia en un año.* Como tal vez sepas, esta edición de las Escrituras está organizada con una lectura del Antiguo y del Nuevo Testamento para cada día. También incluye algo de Salmos y Proverbios. Mi esposa y mis hijas hacen lo mismo, por lo que a menudo nos enviamos mensajes de texto a inicios del día acerca de lo que (casi) hemos leído juntos.

La mañana que había programado escribir la introducción de este libro, mi lectura diaria incluía el Salmo 23, el cual sabes cómo empieza: «Jehová es mi pastor; nada me faltará». Pensé: *Vaya, esto es asombroso. ¡Este es un mensaje de parte del Señor!*

La lectura del Nuevo Testamento incluía las palabras de Jesús en Mateo 19:5 (citando Génesis 2) acerca del divorcio: «El hombre dejará padre y madre, y se unirá a su mujer, y los dos serán una sola carne».

«Está bien, capto el mensaje, Señor», susurré.

No obstante, la sorpresa estaba en la lectura del Antiguo Testamento, tomada de Éxodo 6 y 7. Leí la historia del llamado de Dios a Moisés de ir, arriesgando su propia vida, ante Faraón, monarca absoluto de Egipto, y exigir que los israelitas fueran liberados del cautiverio. Esta es una de las descripciones más gráficas que la Biblia hace de un hombre parado en la brecha a favor de alguien... en este caso como de un millón de personas más: el pueblo hebreo.

Había leído este relato muchas veces, pero nunca había apreciado el poder de Éxodo 7:1-2: «Jehová dijo a Moisés: Mira, yo te he constituido dios para Faraón, y tu hermano Aarón será tu profeta. Tú dirás todas las cosas que yo te mande».

En aquellas horas antes del amanecer, el Señor tenía mi total atención. Me hallaba pensando: el Señor es mi Pastor... mi esposa y yo somos una sola carne. «Delante de Dios y de estos testigos», tengo la responsabilidad y el privilegio de ser un firme defensor de mi esposa. En realidad, con el llamado y la bendición del Señor, en mi propia casa puedo tener un corazón «como el de Dios»... ser un pastor... «como Dios».

Hubo algo más. Quizá recuerdes que cuando Dios le habló a Moisés en la zarza que ardía sin consumirse, permitió que el vacilante y temeroso Moisés llevara a su hermano para presentar su caso ante Faraón. Y Dios prometió ir con Moisés, sin dejarle a Faraón otra alternativa que permitir ir a los hebreos. Cuando el salmista vuelve a narrar esta historia, canta: «[Dios] hizo morir a todo primogénito en Egipto, las primicias de su fuerza en las tiendas de Cam. Hizo salir a su pueblo como ovejas, y los llevó por el desierto como un rebaño. Los guió con seguridad, de modo que no tuvieran temor; y el mar cubrió a sus enemigos» (Salmos 78:51-53).

En las páginas que siguen, al tratar de entender lo que significa tener nuestro propio Buen Pastor y ser buenos pastores para nuestras esposas, sería un privilegio ser tu aliado. Tu hermano. Que vaya contigo como Aarón, para ayudarte y animarte.

Un pastor... ¿Bromeas?

De vuelta a la idea descabellada de ser un pastor para tu esposa, debo advertirte que incluso entre cristianos tal vez no sea bien recibida la idea de pastorear (guiar) tu matrimonio. Recuerda estos versículos de Efesios:

> Las casadas estén sujetas a sus propios maridos, como al Señor; porque el marido es cabeza de la mujer, así como Cristo es cabeza de la iglesia, la cual es su cuerpo, y él es su Salvador. Así que, como la iglesia está sujeta a Cristo, así también las casadas lo estén a sus maridos en todo (5:22-24).

En nuestro mundo contemporáneo, incluso entre cristianos, tal vez no haya ningún pasaje que se haya analizado de manera más crítica y profunda que este. ¿Qué significa exactamente «sujetarse» en el siglo XXI? Y eso de que «el marido es cabeza de la mujer». ¿Estás bromeando?

¿QUÉ SIGNIFICA EXACTAMENTE «SUJETARSE» EN EL SIGLO XXI? Y ESO DE QUE «EL MARIDO ES CABEZA DE LA MUJER». ¿ESTÁS BROMEANDO?

Citar públicamente estas líneas de Pablo en un libro no es manera de ganar un concurso de popularidad. Me han acosado personas (incluso un pastor en el estacionamiento de la iglesia) después que yo enseñara estos pasajes en la escuela dominical. Así que estoy listo, atrincherado en un lugar no revelado.

La verdad sea dicha

Puedo entrar a la Internet para obtener todo tipo de estadísticas sobre el estado actual del matrimonio, pero no lo haré. Puedo reunir datos que sin lugar a dudas confirman que la institución del matrimonio está destrozada. Pero tampoco haré eso. ¿Por qué? Porque tú y yo ya lo sabemos. El matrimonio está en peligro.

En lugar de eso, imaginemos que yo soy un entrenador de fútbol americano y tú, el mariscal de campo de mi equipo. Estamos en el medio tiempo de un gran partido. Todo el equipo acaba de entrar a los vestidores, apestando a sudor y bálsamo analgésico. Pero antes que todo el equipo se reúna para recibir una arenga, tú y yo nos reunimos en mi oficina.

Ah, no mencioné que el primer tiempo de este partido ha sido un gran desafío. Los periodistas deportivos nos han pronosticado una victoria sin esfuerzo en esta competencia, pero desde el primer saque hasta ahora hemos estado muy ocupados. Hemos tenido algunos momentos buenos, pero también cometimos errores y tuvimos contratiempos.

Sin embargo, antes que yo me dirija a tus desanimados compañeros de equipo, nos hemos reunido a puerta cerrada. Solo tú y yo. No nos sentamos. Ambos estamos demasiado nerviosos para sentarnos.

Te miro a los ojos. Sabes que te tengo mucho afecto. Sabes que creo en la calidad de tus habilidades, y sobre todo sabes que sé que quieres dar lo mejor de ti. Pero incluso sin decirlo, tú y yo también sabemos la verdad. Y estamos de acuerdo.

Lo que estamos haciendo no está funcionando. Y para tener una oportunidad inesperada en el segundo tiempo, tendremos que dar algún gran estímulo a tus compañeros y sí, también hacer algunos ajustes a nuestro plan de juego.

El marcador no miente. El matrimonio es trabajo duro. La historia de nuestras luchas en el primer tiempo ya se ha presentado a las páginas deportivas. Los blogueros están informando. Todo el mundo conoce nuestro rendimiento irregular y algunos expertos son escépticos de que seamos capaces de superar esto. El mensaje es claro. Podemos utilizar alguna ayuda.

Por eso, en estos preciosos momentos antes de entrar al vestuario para dar a nuestro equipo un poco de esperanza y ánimo, pongo el plan de juego, la Biblia, en mi escritorio. Toco suavemente la portada y te digo: «Así es como se suponía que se jugara este partido. He visto a muchos equipos usarla antes. Cuando han seguido este plan, han triunfado». Te miro directo a los ojos y tú miras los míos. Sabes que estoy en esto contigo. Oyes mis palabras y sabes que tomo en serio el poder y la veracidad de esta estrategia.

Al concluir nuestra conversación, te doy un abrazo tranquilizador y una palmadita en la espalda. Tanto tú como yo sabemos que tenemos que volver al plan. Y vamos a tener que seguirlo como si el resultado dependiera de él.

Porque así es.

Por eso, a pesar de que ambos sabemos que el rumbo que estoy tomando en este libro... la presuposición que estoy haciendo al citar estos versículos... ha de encontrar fuerte oposición, sabemos algo más con seguridad.

Este asunto del pastor y las ovejas

Para cuando leas esta introducción, yo habré estado casado durante casi cuarenta y seis años. Mi historia puede ser un poco distinta de la tuya, porque no he estado casado con una sola mujer. Bobbie, mi esposa de cuarenta y cuatro años y medio, se fue al cielo en el 2014 después de una batalla de treinta meses contra el cáncer. En su bondad, el Señor me concedió una segunda esposa llamada Nancy.

TANTO BOBBIE COMO NANCY CREÍAN QUE SU ESPOSO FUE LLAMADO POR DIOS PARA SER EL LÍDER, LA CABEZA, EL PASTOR TERRENAL DE ELLAS. NO TUVE ALTERNATIVA EN CUANTO AL TEMA DE ESTE LIBRO.

Bobbie y Nancy eran amigas. Estas dos mujeres, ambas increíblemente capaces e inteligentes, tenían en común tres aspectos fundamentales: amaban a Cristo de todo corazón, me amaron como su esposo y me lo demostraron todo el tiempo, y creían la enseñanza bíblica sobre el matrimonio y el mensaje de este libro: «Deja que tu esposo guíe». En una ironía que desafía cualquier explicación, cada una de estas mujeres dotadas ha hablado, creído, enseñado y hasta escrito estas palabras en libros.

Hicieron esto porque ambas creían que era el único reto de medio tiempo que tenía alguna oportunidad de funcionar. Es más, ambas estaban tan comprometidas con este enfoque del matrimonio que repitieron estas palabras muchísimas veces a mujeres que escuchaban lo que les dijeron y leían lo que les escribieron.

«Deja que tu esposo guíe».

Tanto Bobbie como Nancy creían que su esposo fue llamado por Dios para ser el líder, la cabeza, el pastor terrenal de ellas. No tuve alternativa en cuanto al tema de este libro.

Volvamos ahora a nuestra conversación en el medio tiempo. Tú y yo esperamos que, al salir de mi oficina y entrar al vestuario, habrá un poco de incertidumbre y tal vez desánimo en los rostros. Sabemos que en este instante estarán ansiosos de oír lo que tenemos que decir. Esperamos que, mientras hablemos en el vestuario, habrá desaliento y derrota en los rostros de todos. Sabemos que en este momento, y dado el estado de este partido, estarán ansiosos de escuchar lo que tenemos que decir.

Aquí vamos…

UNO

NO HAY MARCHA ATRÁS

Ninguno que poniendo su mano en el arado mira hacia atrás, es apto para el reino de Dios.

—LUCAS 9:62

Oí la historia por primera vez hace muchos años siendo estudiante de secundaria, y todavía me hace sacudir la cabeza con asombro. Quizá la recuerdes de tu clase de historia. Si no, tal vez tengas la misma reacción que yo tuve cuando la leí por primera vez.

En 1518, Hernán Cortés de Monroy y Pizarro, funcionario colonial español en Cuba, se despidió de su esposa y sus diez hijos, y navegó hacia México con once barcos, quinientos soldados, cien marinos y dieciséis caballos. Se proponía explorar y conquistar el imperio de los aztecas, y apoderarse de sus enormes tesoros de oro, plata y joyas.[1]

Los españoles desembarcaron en la península de Yucatán y subieron hasta la costa de Veracruz. Cuando todas las provisiones fueron llevadas a tierra, Cortés reunió a sus hombres en la playa para hacerles un anuncio. ¿Puedes imaginar a estos hombres, cansados del largo viaje pero ansiosos por conquistar, anticipando las riquezas que llevarían a casa?

Cortés tenía otros planes. Mientras los hombres esperaban en la ardiente arena mexicana, el comandante envió unos cuantos voluntarios en pequeñas embarcaciones a las once naves con órdenes de incendiarlas.

Nadie sabe lo que Cortés dijo a sus hombres cuando las llamas consumían el único medio de regresar a la civilización, pero debió haber sido algo así: «No hay marcha atrás, amigos. Espero que les guste estar aquí en México, porque ahora es su hogar».

Es bueno tener tu compañía

Un día, quizá hace poco o tal vez años atrás, por el pasillo de la iglesia viste a tu novia cuando se preparaba para el largo andar hacia ti. Los dos estaban a punto de decirse sus votos y que los anunciaran como «marido y mujer». Al igual que los hombres de Cortés mirando a sus barcos incendiados, te diste cuenta de que no había marcha atrás. Esta es tu novia. Para siempre. Bienvenido a casa.

Este es un libro sobre el matrimonio. Pero prometo no utilizar estadísticas frías acerca del estado actual de este vínculo misterioso entre un hombre y una mujer. Sí, es trágico que muchos matrimonios estén fallando y rompiendo las promesas del pacto sagrado junto con los corazones de los niños que están atrapados en el fuego cruzado. Pero, por el momento, tales estadísticas no importan, porque este no es un libro sobre el matrimonio como indicador de bienestar o decadencia social, sino un libro acerca de tu propio matrimonio. Y del mío. Mi objetivo es captar tu atención con tanto vigor como Cortés captó la de sus hombres en la playa de Veracruz.

Pastor

Nunca he experimentado la vida del campo, pero no es muy exacto afirmar que me crié como un chico de ciudad. Nuestra modesta vivienda de dos pisos estaba en un barrio de casas unifamiliares, con un gran patio cubierto de césped y una entrada para el auto de papá. Pero mis raíces se encuentran en el condado Lancaster, Pennsylvania, y «nuestra gente» en su mayoría se dedicaba a la agricultura. En muchas visitas a donde vivían mis primos experimenté qué era la ganadería y la agricultura.

La imagen que he elegido para representar el papel de un hombre en su matrimonio, un pastor, puede parecer humilde o incluso aburrida. Pude haber comparado a un esposo con un guerrero, un astronauta, un espadachín o un vaquero. O tal vez, así como Cortés, un explorador o un conquistador. Pero otros autores ya han hecho tales comparaciones, apelando al cromosoma «y» sazonado con testosterona que nos envía al campo a ganar, asegurando el amor de una mujer al motivarla e impresionarla con lo estupendos que podemos ser.

No obstante, este libro trata con el mayor reto de todos los que has enfrentado, uno que podría requerir el tipo de esfuerzo que nunca antes has intentado.

El viento

La historia se titulaba «Semana con extremas condiciones climáticas deja al menos cuarenta y tres muertos en siete estados» y estaba acompañada por fotos de casas destrozadas por una fuerza indescriptible que transformó en un momento estructuras resistentes en montones de escombros. Esa fuerza es el viento. Al examinar esas fotos me pregunté qué podría ser más poderoso que un tornado o un huracán. Entonces recordé una de mis fábulas favoritas de Esopo:

> El sol y el viento discutían sobre cuál de los dos era más fuerte, y su riña fue tan larga debido a que ninguno de los dos quería ceder. Al poco rato, vieron a un hombre

> caminando tranquilamente y ambos acordaron probar sus fuerzas utilizándolas contra él. El viento dijo: «Vas a ver cómo con solo echarme sobre ese hombre, le quitaré sus ropas». Y luego, empezó a soplar a más no poder. Sin embargo, cuantos más esfuerzos hacía, el hombre más oprimía su capa, y seguía caminando. El viento, muy molesto, descargó lluvia y nieve, pero el hombre no se detuvo, y se aferró aún más a su capa. El viento comprendió su derrota y se detuvo. Ahora, era el turno del sol, quien se puso a sonreír, recalentó la tierra y al pobre hombre, que se regocijaba con aquel dulce calor, se quitó la capa y se la puso sobre el hombro. Ante esto, el sol le dijo al viento: «¿Ves que solo con bondad se consigue mucho más que con violencia?».[2]

Triunfaste en ganar a tu esposa. De alguna manera persuadiste a la chica que viste «a través del salón lleno de gente» a que finalmente dijera «sí». Sin embargo, tu matrimonio no es un solo partido. Ni siquiera es una serie de fin de semana. Es un torneo de por vida.

> GANARÁS A TU ESPOSA SALIENDO DE UNA NUBE Y CALENTÁNDOLA. EN LUGAR DE UN PALO O UNA ESPADA, NECESITARÁS UN CAYADO DE PASTOR.

El éxito en este torneo es más de una estrategia de «sol» que de «viento». Quizá prefieras ganar corriendo más rápido, saltando más alto o matando a la mayoría de los dragones. Pero este enfoque no funciona en tu matrimonio. Ganarás a tu esposa saliendo de una nube y calentándola. En lugar de un palo o una espada, necesitarás un cayado de pastor. En este torneo la victoria, un matrimonio feliz de por vida, no resulta por medio de conquista o intimidación sino por medio de guía humilde.

Refuerzo

El Día de San Valentín del año 2012, mi hija Missy y yo estábamos en un consultorio médico en el piso de cirugías del hospital de cáncer M. D. Anderson de Florida, reunidos con el médico de mi esposa. La operación había durado casi siete horas, y hacíamos todo lo posible para prepararnos para la noticia.

«Bobbie tiene cáncer —informó el médico sin alterarse—. Hice todo lo posible, pero el cáncer estaba en todas partes. Era como si alguien hubiera tomado un puñado de arena y lo hubiera lanzado dentro de su cuerpo. Retiré todo lo que pude, pero al haberse extendido era imposible quitarlo todo». Entonces el médico me miró a los ojos y continuó: «El cáncer de su esposa está en fase cuatro».

En ese momento, después de casi cuarenta y dos años de matrimonio, me convertí en cuidador de tiempo completo. De esposo común y corriente a niñera de tiempo completo: un enfermero. Durante los treinta y cuatro meses siguientes, Bobbie fue asombrosamente valiente y no fue ninguna sorpresa. Por lo general era muy fuerte, pero necesitaba cuidado y requería que yo le prestara un nuevo tipo de compañía. Cientos de visitas juntos a médicos y hospitales, y estar allí durante reacciones poderosas a fármacos experimentales me dieron una oportunidad de entender por completo las palabras que había repetido tan alegremente en nuestra boda: «En enfermedad y en salud».

Este período de mi vida se convirtió en un campo de entrenamiento, una pista de ensayo, un terreno de prueba en la tesis de grado en la escuela de marido. De servir y guiar con suavidad. De pastorear.

En el otoño de 2014 me despedí de nuestra Bobbie. Ella estuvo radiante de gozo hasta el final, hablándome y recordándome su amor, segundos antes de deslizarse hacia la eternidad.

Deja que tu esposo guíe

Mi tarea como cuidador de mi esposa durante su enfermedad acentuó mi papel de pastor, pero ese papel no fue nuevo. Años antes, Bobbie había decidido que el modelo bíblico para esposo y esposa era de pastor y oveja. Semana tras semana, ella animaba a las mujeres en su estudio bíblico de madres jóvenes: «Dejen que su esposo guíe».

El consejo de Bobbie era difícil de tomar para algunas de esas mujeres. Una, a quien llamaré «Beatriz», me comentó: «Tengo un posgrado. Y debido a que recibo mucho dinero, dispongo de una niñera de tiempo completo para que mis hijos estén atendidos. A mi esposo le gustaría que me quedara en casa con nuestros hijos, pero tengo demasiados caballos de fuerza para quedarme estacionada en el garaje». Una amiga había invitado a Beatriz al «estudio bíblico de la señora Bobbie». Sin embargo, le advirtió acerca de la fuerte amonestación de Bobbie a las mujeres en el estudio bíblico respecto a dejar que sus esposos guiaran. Beatriz no pensaba que tal cosa era para ella, pero aceptó ir cuando su amiga persistió. «Iré una vez, pero eso es todo. Solo una vez».

Cuando me contó todo esto, Beatriz ya había estado asistiendo al estudio bíblico durante casi tres años, y había visto por sí misma lo clara que era la Biblia respecto a dejar que el esposo dirigiera. Añadió que ella y su marido nunca habían sido más felices en su matrimonio.

VI A MARIANA SUSURRÁNDOLE ALGO A BOBBIE EN LA IGLESIA. NO ESCUCHÉ LA CONVERSACIÓN, PERO EL GOZO EN EL ROSTRO DE BOBBIE ERA SUFICIENTE.

Luego vino Mariana, una exitosa presentadora de noticias de la televisión local. Su esposo Aarón había querido tener hijos, pero ella tenía otros planes. Como asistente regular al estudio bíblico, un día después de clases tuvo una conversación con Bobbie en que le contó su situación; quizá tenía la esperanza de que Bobbie le confirmara la decisión de retrasar el hecho de tener bebés.

«No estás haciéndote más joven ni hay vuelta atrás —le dijo amorosamente Bobbie—. Si Dios ha puesto este deseo en Aarón, ora porque Dios suavice tu corazón para dejar que Aarón guíe».

A los pocos meses vi a Mariana susurrándole algo a Bobbie en la iglesia. No escuché la conversación, pero el gozo en el rostro de Bobbie era suficiente. Siete meses después nació el hijo primogénito de Aarón y Mariana. Dos años después, un segundo hijo se unió a la familia. Y entonces, a menos de un año de la partida de Bobbie, Mariana dio a luz su tercer hijo. Y nunca has visto a un esposo y una esposa más contentos y comprometidos con Cristo y su Palabra.

Al tener en cuenta la familia de la que Bobbie venía, la idea de dejar que su esposo dirigiera era nueva para ella cuando nos casamos. Su madre Gerry no tuvo mucha educación formal, pero era muy brillante. Su creatividad y su incesante búsqueda de lo mejor en la vida la hicieron formidablemente positivista. Criarse durante la Gran Depresión y ver cómo su propia madre alimentaba a sus huéspedes más ricamente de lo que podía alimentar a sus propios hijos, llenó el corazón de la joven Gerry con una sensación de insuficiencia y pesar. Además de resolución. Su propia vida sería diferente.

El encantador padre dentista de Bobbie era un hombre pacífico, pero no fue líder en su matrimonio. Nunca dudé que mi suegra amara a su esposo ni que él la amara. Pero en ese matrimonio entre una mujer a veces frustrada y un hombre tierno, pero de algún modo temeroso, había poca evidencia de que ella «lo dejara guiar».

Tras décadas de estudiar a fondo la Biblia por cuenta propia, Bobbie comenzó a discernir la imagen bíblica de la feminidad. A medida que el tema se le hacía claro lentamente, vio su papel y el mío en nuestro matrimonio con un nuevo enfoque. La vi aprendiendo, no sin luchas, a ofrecer su obediencia a Cristo, permitiendo que, como esposo, yo dirigiera.

Después de la muerte de Bobbie, me casé con su amiga Nancy Leigh DeMoss. Primero con Bobbie y ahora con Nancy, el Señor me ha concedido el gozo de guiar con amor y humildad.

Asustado

Poco después que Nancy y yo empezáramos a salir, hablamos de la visión para este libro. Su ministerio, Aviva nuestros corazones, comunica el mensaje del evangelio de la «feminidad bíblica» a través de un programa radial diario, conferencias y la Internet. Además de ayudar a mujeres en su relación con Dios, Nancy anima a las mujeres casadas a «dejar que sus esposos sean los líderes».

«¿Qué pasa con esas mujeres cuando regresan a casa después de una conferencia? —le pregunté a Nancy durante la cena en mi restaurante favorito—. ¿Y si los maridos no entienden por completo lo que sus esposas acaban de oír?». Reconociendo que esto era algo que ella había pensado muy a menudo, me preguntó si yo creía que alguien debía escribir un libro para estos esposos. A pesar de que estábamos sentados en un precioso restaurante italiano, levanté la mano ofreciéndome de voluntario como un niño en la escuela y exclamé: «Me encantaría escribir ese libro».

Si tu esposa cree que Dios desea que ella te respete y acepte tu liderazgo, eres un hombre afortunado. Eres un pastor. Tienes una misión especial. Felicitaciones. Llegó el momento de correr. Es deber tuyo obtener la victoria en esta carrera. Eres la cabeza de tu esposa y el líder de tu hogar. El pastor. Nadie más está disponible para hacer esto por ti.

Nadie excepto Jesucristo.

El escritor de la carta a los hebreos entendió esto muy bien: «Nosotros también, teniendo en derredor nuestro tan grande nube de testigos, despojémonos de todo peso y del pecado que nos asedia, y corramos con paciencia la carrera que tenemos por delante, puestos los ojos en Jesús, el autor y consumador de la fe» (Hebreos 12:1-2).

SI TU ESPOSA CREE QUE DIOS DESEA QUE ELLA TE RESPETE Y ACEPTE TU LIDERAZGO, ERES UN HOMBRE AFORTUNADO.

Si no estás un poco abrumado, asustado, por la idea de ser la cabeza de tu matrimonio y el líder en tu hogar, entonces es posible que no entiendas la magnitud de la tarea. Pero si tienes la sensación de que estos zapatos son más grandes de lo que tus pies pueden calzar, entonces Dios te tiene exactamente donde quiere que estés.

No es un concepto nuevo

Navegar en el océano siempre me ha fascinado. Es más, hace años compré una gran pintura al óleo de un faro que iluminaba las olas que rompían en la orilla. La escena capta maravillosamente el azul turquesa del agua en las olas cóncavas a punto de estrellarse contra la arena.

Si pudiera añadir algo a la pintura, sería una enorme roca en el agua como a treinta metros de la orilla, porque así es como pienso en lo eterno del plan de Dios para el matrimonio. Cuando la ola está encima, solamente la parte superior de la roca es visible. Pero cuando la ola pasa, la roca que ahora vemos por completo parece haberse movido. No se ha movido, desde luego. Solo se ha movido la ola. La roca está donde siempre estuvo.

Hace unos dos siglos, un libro sobre la necesidad de que los esposos dirijan no habría vendido muchos ejemplares. Nadie necesitaba que se lo recordaran. Charles Spurgeon, el «Príncipe de los predicadores» del siglo XIX, escribió:

> Cuando Dios se convierte en esposo, se compromete a hacer la parte de un marido. Cuando afirma: «Tu Creador es tu esposo», puedes tener la seguridad de que Él no asume la relación sin suponer (bueno, debo decirlo) todas las responsabilidades que pertenecen a un esposo. La parte de Dios es nutrir, cuidar, proteger y bendecir a aquellos con quienes condesciende, en infinita misericordia, a entrar en la unión del matrimonio. Cuando el Señor Jesucristo se convirtió en el esposo de su Iglesia, sintió que tenía una obligación y un compromiso con nosotros, y en la medida en que había deudas, las pagó.[3]

Así que esta idea de que el esposo es la cabeza de su esposa, como Cristo es la cabeza de su Iglesia, ha estado en juego por mucho tiempo. Asumo esta posición con humildad y sin disculparme, y voy a hacer mi mejor esfuerzo por llevarte conmigo. Tú eres la cabeza de tu esposa. Nadie puede tomar tu lugar. Eres como un corredor a quien el mariscal de campo acaba de entregar el balón. Naciste para llevarlo. Y a decir verdad, los próximos pasos podrían estar llenos de peligro.

¿Cómo entonces vas a hacer esto bien?

Incompetente

Webb Simpson bajaba por el sendero del hoyo diecisiete en el Abierto 2012 de Estados Unidos en Olympia cerca de San Francisco. Se trataba de un cinco par corto (para los profesionales) que solo medía 505 yardas. Con una ventaja de un golpe y una sólida oportunidad de hacer uno bajo par, Webb sabía que los veinticinco minutos siguientes serían los más importantes de su carrera hasta ese momento.

Con la presión en aumento, Webb dejó de caminar, cerró los ojos, e inclinó ligeramente la cabeza.

—¿Qué pasa, Webb? —preguntó su caddie, Paul Tesori, deteniéndose también, sin poder ocultar la preocupación en la voz.

—Estoy orando —contestó Webb después de unos instantes.

—¿Orando? —cuestionó Paul—. ¿Por mantenerte firme y ganar este torneo?

Webb no dijo nada por un momento.

—No, no por eso —manifestó entonces, volviéndose—. Estoy orando porque no sé si pueda hacer esto. Sin embargo, pase lo que pase, lo que realmente importa es que Dios sea honrado.

Al recordar el momento, Webb confiesa que la mejor manera de describir cómo se sintió en ese instante fue «extrañamente incompetente». A unos cuantos golpes de entrar a un escenario mundial y levantar un trofeo grabado con los nombres de Jones, Trevino, Nicklaus, Watson y Woods, sintió que una abrumadora sensación de incompetencia, humildad y temor le llenaba el corazón. Como si fuera más un espectador que el jugador, como una oveja asustada balándole a su pastor para que la cargue, Webb invocó a un Dios que escuchaba atentamente esa petición de ayuda. El Pastor de

Webb *estaba* escuchando. Atento a lo que pasaba en el momento. Y contestando.

Este eres tú. Este soy yo. La misión de liderar nuestro matrimonio con amor y compasión es, por decir lo menos, desalentadora. *¿Y si fallo? ¿Y si desilusiono a mi esposa y pierde la confianza en mí?* Aquí, amigo mío, es exactamente donde Dios quiere que estés. Agobiado. Depender de Él es más que adecuado. Ser pastor es algo importante. Hacerlo por tu cuenta no funcionará muy bien.

Y para hacerlo aún más intimidante, no hay vuelta atrás. Al igual que los hombres de Cortés en la playa de Veracruz, estás en casa para siempre.

Por tanto, respira profundo. Hagámoslo. Juntos.

DOS

LAS OVEJAS

Durante nuestro compromiso, Nancy y yo visitamos el asombrosamente hermoso «Agujero» Jackson, en Wyoming. Acompañados en el viaje por dos parejas casadas, sugirieron que fuéramos al rodeo. Al haberme criado en los suburbios de Chicago, donde una visita a la fábrica de refrescos A&W se consideraba una aventura, esta sería mi primera exposición en persona a algo así.

La noche era fría para agosto, así que nos abrigamos. Fue extraordinario observar vaqueros tratando de montar potros encabritados y novillos que por alguna razón estaban realmente enojados. Para aguantar incluso unos cuantos segundos tienes que ser un atleta excepcional y salvajemente loco... y estos tipos lo eran. Pero solo unos pocos permanecían encima por mucho tiempo. Todos estuvimos de acuerdo en que los animales fueron los ganadores esa noche. Los vaqueros, los perdedores. Después del

TODOS ESTUVIMOS DE ACUERDO EN QUE LOS ANIMALES FUERON LOS GANADORES ESA NOCHE. LOS VAQUEROS, LOS PERDEDORES.

evento retratamos en la sede del club a los caballos y al ganado, que chocaban cascos entre sí en celebración.

A mitad del rodeo llegó el turno de los niños. El anunciador invitó a todos los chicos a ir al centro del escenario, y al menos trescientos pequeños respondieron. No tenía idea de lo que vendría a continuación.

El anunciador nos informó: «Esta noche vamos a jugar a "atrapar ovejas"». Y había premios para cada niño que atrapara una. Así que empiezo a imaginar corderitos tiernos y lanudos, y esperando que los niños no los lastimen.

Al poco rato soltaron a tres ovejas en medio de la multitud de niños, no corderos sino ovejas bien grandes. Eran enormes en comparación con los muchachitos que alegremente las perseguían por el escenario, mucho más grandes incluso que el mayor de los niños allí. Música estridente salió por los altavoces. Hubo un caos total.

«Esto no va a terminar bien —le dije a Nancy, mirando a cada extremo del ruedo, y esperando ver camiones de paramédicos estacionados, como en los partidos de fútbol—. Estos niños van a resultar lastimados».

Los chicos se arremolinaron alrededor de las ovejas, las cuales se llenaron de miedo y salieron en estampida. Claramente no tenían idea que eran mucho más grandes que los niños, ni que estos no tenían planes de hacerles daño. Le tomó a cada niño victorioso como diez minutos aferrarse al cuello de un animal asustado y confundido. Los tres ganadores recibieron cupones de obsequios para el quiosco de mercancía del rodeo, y el color comenzó a volverme al rostro.

¿A quién llamas oveja?

Había visto ovejas de lejos, paciendo plácidamente en pastizales a lo largo de la autopista, pero esa noche en el rodeo fue mi primera exposición de cerca a tales animales. ¿Mi primera impresión? No muy buena.

Ya había decidido escribir un libro titulado *Como el Buen*

Pastor, y había empezado a hacer circular la propuesta. La metáfora en el título preparaba el escenario para que los esposos aceptaran su papel como pastores en sus matrimonios. Hasta aquí todo bien. El problema es que si el esposo es un pastor, la esposa debía ser una *oveja*. Digamos que no hubo mucho entusiasmo para esa idea entre los editores a los que les hablé.

¿Y quién puede culparlos? Las ovejas no son muy impresionantes, como aprendí en el rodeo. Pero no tienes que ser un erudito bíblico para darte cuenta de que la Biblia está llena de imágenes de ovejas. Si tu esposa es una oveja, está en buena compañía.

«Anduvieron perdidas mis ovejas por todos los montes, y en todo collado alto; y en toda la faz de la tierra fueron esparcidas mis ovejas, y no hubo quien las buscase, ni quien preguntase por ellas» (Ezequiel 34:6).

«Todos nosotros nos descarriamos como ovejas, cada cual se apartó por su camino» (Isaías 53:6).

«Al ver las multitudes, [Jesús] tuvo compasión de ellas; porque estaban desamparadas y dispersas como ovejas que no tienen pastor» (Mateo 9:36).

«Y salió Jesús y vio una gran multitud, y tuvo compasión de ellos, porque eran como ovejas que no tenían pastor; y comenzó a enseñarles muchas cosas» (Marcos 6:34).

LOS CHICOS SE ARREMOLINARON ALREDEDOR DE LAS OVEJAS, LAS CUALES SE LLENARON DE MIEDO Y SALIERON EN ESTAMPIDA.

¿Observaste que en cada uno de estos versículos las ovejas, que nos representan a ti y a mí, están en algún tipo de problema? Yo también lo noté. Pero nosotros no somos los únicos comparados con ovejas. Refiriéndose al Mesías que iba a venir, Isaías escribe: «Angustiado él, y afligido, no abrió su boca; como cordero fue llevado al matadero; y como oveja delante de sus trasquiladores, enmudeció, y no abrió su boca» (53:7).

Si alguna vez hubo una descripción gráfica de un Dios infinito «rebajándose» a convertirse en mortal, es esta. Si tenemos en cuenta lo que ahora sabemos acerca de las ovejas, es impresionante comprender que el Dios que con su voz creó estas criaturas se identificara con ellas. Y es más impresionante incluso cuanto más conoces respecto a las ovejas. Las personas que conocen de veras a las ovejas dicen que son lentas para aprender, demandantes, obstinadas, propensas a extraviarse, impredecibles e inquietas.[1]

Propensas a extraviarse

Hace varios años, amigos míos se fueron a un campamento a doscientos cuarenta kilómetros de su casa, llevando con ellos a su perro pastor escocés llamado Trooper. Tres días después, cuando se alistaban para regresar, se dieron cuenta de que Trooper había desaparecido. Después de una búsqueda total, que incluyó averiguaciones en la estación del guardabosque, en que el perro no apareció, a regañadientes se dirigieron a casa sin Trooper. Una semana después (ya sabes lo que va a ocurrir, ¿verdad?), el perro atravesó corriendo la larga entrada. Se veía como si hubiera hecho a solas un viaje de doscientos cuarenta kilómetros, pero estaba vivo. Si Trooper hubiera sido una oveja, aún estaría allá afuera, quizá ni siquiera consciente de que estaba extraviada.

¿Y QUIÉN PUEDE CULPARLOS? LAS OVEJAS NO SON MUY IMPRESIONANTES, COMO APRENDÍ EN EL RODEO. PERO NO TIENES QUE SER UN ERUDITO BÍBLICO PARA DARTE CUENTA DE QUE LA BIBLIA ESTÁ LLENA DE IMÁGENES DE OVEJAS.

Las personas a las que Jesús predicó sabían de ovejas. Un delicioso trocito de hierba aquí y luego otro allá... y después otro... y otro... y pronto la tonta criatura está fuera de alcance. La parábola de la oveja perdida (Lucas 15:3-7) tenía perfecto sentido para esa gente.

Cuando comparo a alguien con una oveja, me doy cuenta de lo chocante que es tal comparación. La idea de que cada uno de nosotros (tú, yo, nuestras esposas) es una oveja es bastante radical. La Biblia dice que esto es cierto.

Por eso es que todos necesitamos un Pastor.

El llamado a mantener lleno el corazón

Hace poco leí un comentario en el blog de una famosa escritora del Times de Nueva York llamada Jane Green. El título de su comentario me llamó la atención: «Por qué la mujer de cuarenta y tantos corre el riesgo de tener una aventura amorosa».

A medida que leía el breve artículo quedé alarmado con el reto que tú y yo enfrentamos cuando se trata de amar y liderar a nuestras esposas. La tarea incesante y continua de mantenerle el corazón tierno hacia nosotros mucho después de ganarnos su corazón y casarnos con ella no es un reto pequeño.

Green confesó: «Hice el lanzamiento de un libro con un autor joven y guapo, quien intercambió correos electrónicos conmigo y procedió a complacerme con una serie de gentiles correos de coqueteo, que fueron a la vez emocionantes e inquietantes. No tuvo mucho que ver con él, sino conmigo y mis crecientes sentimientos de invisibilidad, y la adictiva cualidad de que alguien, *cualquiera*, realmente me viera, me prestara atención y me hiciera sentir hermosa otra vez».

La autora había estado fascinada con lo que llamó una «tendencia preocupante».

SI TENEMOS EN CUENTA LO QUE AHORA SABEMOS ACERCA DE LAS OVEJAS, ES IMPRESIONANTE COMPRENDER QUE EL DIOS QUE CON SU VOZ CREÓ ESTAS CRIATURAS SE IDENTIFICARA CON ELLAS.

Parecía que algunas mujeres que ella conocía (esposas que según parece estaban felizmente casadas) de repente anunciaban que habían sido infelices durante años, y que ya no podían continuar con esta farsa de matrimonio.

Jane continuó: «Hace poco le pregunté a una de estas mujeres que vive en mi ciudad y dejó a su esposo, una mujer que describe a su ahora ex marido como el amor de su vida, por qué tuvo una aventura amorosa. "Estaba aburrida", confesó, y por insensible que eso pueda ser, entiendo lo que quiso decir.

»Por maravillosos que sean nuestros matrimonios, por maravillosos que sean nuestros esposos, cuando los niños nos despiertan reiteradamente a las cinco de la mañana, cuando cada noche se la pasa imaginando qué hacer para la cena, cuando las mañanas se pasan lavando y secando ropa, y recordando los días en que tenías realmente tiempo para planchar, es muy difícil recordar la pasión y la lujuria que te unió a tu marido.

»Cuando tus fines de semana no los pasas tomados de la mano en una cena a la luz de las velas, sino llevando a cuatro niños a un partido de baloncesto tras otro, juegos programados, patinaje y fiestas de cumpleaños, es muy difícil recordar la importancia de valorar a tu cónyuge, o en realidad encontrar tiempo para recordar ser amable, prestarse atención mutua, hacer que uno al otro se sientan amados.

LA TAREA INCESANTE Y CONTINUA DE MANTENERLE EL CORAZÓN TIERNO HACIA NOSOTROS MUCHO DESPUÉS DE GANARNOS SU CORAZÓN Y CASARNOS CON ELLA NO ES UN RETO PEQUEÑO.

»El matrimonio se convierte en ollas y sartenes. Al principio estás distraída por esos diminutos niños, pero de pronto estás en los cuarenta, tus hijos están en la escuela primaria, ya no eres necesaria en la forma en que una vez lo fuiste, y empiezas a sentirte irrelevante».[2]

Si solo has estado casado por algunos meses o años, lo que acabas de leer puede parecer indignante. Dijiste en serio «hasta que la muerte nos separe». Y estás seguro que tu novia también lo dijo. Pero si tus aniversarios están en los dos dígitos, puedes tener una sensación de náuseas al considerar las implicaciones. Tal vez te preguntes acerca de la probabilidad de que una profunda sensación de pérdida y aislamiento pueda sucederle a tu esposa. Y por asociación, a ti.

Pero no puedo controlar lo que mi esposa está pensando, podrías estar diciendo. Y por supuesto, tienes razón. Ni tú ni yo tenemos manera de saber o supervisar las divagaciones del corazón de ella.

Qué bien recuerdo la canción de Glen Campbell que obtuvo

el primer lugar durante mis años de universidad. En realidad, me hallaba inspirado por la canción acerca de una esposa anciana cuyo corazón divagante fantaseaba tranquilamente en su vida. Su ensoñación. Su difícil situación.

No es exagerado decir que incluso a una edad temprana me obsesionaron las palabras de la canción de Campbell en «Dreams of the Everyday Housewife» [Sueños cotidianos de un ama de casa]. ¿Qué tal que esto le ocurriera a mi esposa? ¿Y si revisa fotos antiguas, recuerdos antiguos y tiene una sensación de soledad? O remordimiento. ¿Y si después de años de matrimonio decide que no me ama y entonces por el bien de los hijos, o solo por soportar, aguanta el resto de su vida añorando algo... alguien que no sea yo?

El llamado a liderar a tu esposa con amor y compasión es el llamado a ser la clase de esposo que atrae a su esposa, un liderazgo tierno y humilde que la haga sentir bien atendida. Es el tipo de confianza y humildad que le disipa quirúrgicamente las ansiedades y temores. Es la «dirección» que proporciona un lugar seguro al cual atar el corazón.

TAL VEZ TE PREGUNTES ACERCA DE LA PROBABILIDAD DE QUE UNA PROFUNDA SENSACIÓN DE PÉRDIDA Y AISLAMIENTO PUEDA SUCEDERLE A TU ESPOSA.

Como esposo de ella tienes la oportunidad de expresarle palabras que le recuerden que la sigues apreciando, palabras que confirmen que todavía tiene la belleza que te atrajo en primera instancia. Le prodigas palabras que le nutren y le riegan cualquier sequedad en el corazón que venga de años de trabajo rutinario y a veces ingrato. Día a día determinas no cansarte de «entregarte a ella».

Esta es la clase de líder que creo que la Biblia nos insta que tú y yo seamos.

¿Qué hay en un nombre?

En 2002 me presentaron a Nancy Leigh DeMoss. Primero oí su nombre al doctor Henry Blackaby, autor del popular estudio bíblico *Mi experiencia con Dios*, y cliente de mi empresa de representación literaria. Admirador de la escritura y el ministerio de Nancy, Henry estaba seguro de que yo debía hacer de Nancy una clienta, como finalmente hice. Fue bueno aprender a conocer a esta brillante, inteligente, fiel y competente escritora y conferencista bíblicamente cimentada, cuyo nombre era muy conocido y respetado en el ministerio de mujeres tanto en Estados Unidos como en todo el mundo. Protegidos por un inequívoco llamado al ministerio y la virtud, ninguno de nosotros pudo haber siquiera imaginado algún tipo de amistad que hubiera cruzado la línea del decoro. Nuestros encuentros nunca fueron individuales. Yo me hallaba en un matrimonio maravilloso y Nancy estaba comprometida con la soltería.

EL LLAMADO A LIDERAR A TU ESPOSA CON AMOR Y COMPASIÓN ES EL LLAMADO A SER LA CLASE DE ESPOSO QUE ATRAE A SU ESPOSA, UN LIDERAZGO TIERNO Y HUMILDE QUE LA HAGA SENTIR BIEN ATENDIDA.

Pronto Nancy conoció a Bobbie, y las dos se volvieron amigas.

El ministerio de Nancy creció, y dos años después una de sus colegas asumió el contrato de negociación y comercialización que yo había estado manejando. Sabía que iba a extrañar mi trabajo con Nancy y sus colegas ministeriales, pero esta fue una adecuada decisión comercial para ellos. A excepción de algunos obsequios y notas de ánimo escritas a mano para Bobbie durante su experiencia con el cáncer, esencialmente perdí el rastro de la vida de Nancy.

Rápidamente, a finales de 2014, Bobbie había entrado al cielo después de dos años y medio de batallar contra el cáncer. Tras una reunión «casual» con Mark, el hermano de Nancy, a quien había conocido durante muchos años, me contacté con ella vía correo electrónico. Cinco meses más tarde le propuse matrimonio.

No mucho después de anunciar nuestro compromiso, Nancy y su equipo pidieron a mi empresa que volviera a representar los escritos de esta dama. Regresar a este papel profesional fue placentero, sin duda. Y al contar esta historia, a Nancy le gusta declarar:

«Yo podría ser la única escritora que contrata, despide y se casa con su agente».[3]

En junio de 2015, Nancy, sus colegas, mis colegas y yo tuvimos nuestra primera reunión profesional en más de una docena de años. En la industria editorial, como en muchos otros negocios, el desarrollo eficaz de marca es fundamental, por lo que se planteó el tema del nombre de Nancy. Para los millones de mujeres que habían comprado uno de sus libros y las innumerables personas de su audiencia radial, Nancy Leigh DeMoss («NLD», como llamamos la marca) significaba algo importante. Recuerdo haber dicho: «Después que nos casemos, creo que deberías mantener NLD como tu pseudónimo público».

Un mes antes de nuestra boda, Nancy y yo nos reunimos con su equipo directivo. Esta vez el único tema de conversación fue la marca NLD. Debíamos considerar las cartas de donantes, la radio y las publicaciones. Los expertos reflexionaron en qué nombre Nancy debía usar en sus libros. Hubo fuertes sentimientos de parte y parte, pacíficos pero fuertes.

En la vida privada, ella sería Nancy Wolgemuth. Eso nunca se cuestionó. Pero el problema era la representación pública. La marca. ¿Estábamos dispuestos a pedirles a quienes durante décadas habían sido seguidores leales de NLD que hicieran este cambio? Nancy y yo oramos respecto a esta decisión. Esto era mucho más grande que nosotros dos, así que llevamos nuestra conversación al trono, al Buen Pastor. Su sabiduría sería esencial.

Dos semanas antes de la boda, Nancy y yo nos sentamos en mi auto en la entrada de su casa, orando una vez más por la decisión. Tras algunos minutos de silencio, Nancy declaró: «Hemos hablado con relación a esto con personas en quienes confiamos. Y lo hemos orado muchas veces». Ella hizo una pausa, y continuó: «La decisión final es tuya, Robert. Eres mi pastor. Confío en que el Señor obre en esto a través de tu liderazgo».

«YO PODRÍA SER LA ÚNICA ESCRITORA QUE CONTRATA, DESPIDE Y SE CASA CON SU AGENTE».

El condominio donde yo vivía estaba a treinta minutos de la casa de Nancy. El viaje fue algo borroso. La buena noticia era que mi futura esposa confiaba en mí. Ella había tomado el tiempo necesario para ser parte del viaje. La mala noticia era que la decisión final, la cual debía tomarse, era responsabilidad mía. Para los colegas, donantes y socios empresariales de NLD, yo sería responsable por el resultado.

Decir que las veinte horas siguientes fueron intensas sería una declaración mesurada. Pasé gran parte del tiempo de rodillas en oración. Aunque me había esforzado al máximo por reunir toda la información posible, sabía que no era suficiente. Nunca sería suficiente. Había mucho que una mente finita no podía conocer o predecir.

Así que me volví al Buen Pastor. Le pedí sabiduría. Le pedí que me dijera lo que yo no podía oír. Que me mostrara lo que no podía ver. Le pedí que me guiara.

NDW

La mañana siguiente se tomaría la decisión en cuanto al nombre de Nancy.

Llegué a su casa alrededor de las diez de la mañana, me dirigí primero a la cocina por una taza de café y luego a la sala de estar, donde Nancy me esperaba con un abrazo. Nos sentamos donde le había propuesto matrimonio seis meses antes. Oramos primero, luego leímos juntos las Escrituras y volvimos a orar. Entonces hablamos del proceso de los últimos días y de la importancia de seguir la guía de nuestro Pastor a fin de hacer esto bien.

ME VOLVÍ PARA MIRAR EL ROSTRO DE LA MUJER QUE EN DOS SEMANAS SERÍA MI ESPOSA. SUS OJOS SE INUNDARON DE LÁGRIMAS, IGUAL QUE LOS MÍOS.

—Bueno, Robert, ¿qué crees que debería hacer respecto a mi nombre? —preguntó Nancy casi una hora más tarde.

Yo había pedido y recibido la dirección de mi Pastor. Había

prometido ser un siervo bueno y fiel, una oveja que lo sigue bien. Me sentí despejado.

—Creo que tu nombre debe ser Nancy DeMoss Wolgemuth... en todo —expresé.

Hubo un momento de silencio. Nancy me había pedido que liderara. Y yo sabía que ella confiaba en el Señor el resultado de la decisión. Pero también sabía que Nancy tenía que considerar el torrente de implicaciones, sin mencionar las llamadas telefónicas que debía hacer a personas importantes en su vida que no estarían de acuerdo con la decisión.

Me volví para mirar el rostro de la mujer que en dos semanas sería mi esposa. Sus ojos se inundaron de lágrimas, igual que los míos.

—Está bien —contestó simplemente—. Es NDW.

Depende del momento

A lo largo de los años me he referido a menudo a lo que creo que fueron las seis semanas más importantes en mi vida adulta. En la primavera de 1968, cuarenta amigos varones y yo emprendimos un viaje en bicicleta desde San Francisco hasta la Ciudad de Nueva York. Y durante los cuarenta y dos días siguientes montamos hacia el este, del amanecer al anochecer, todos los días... seis mil cuatrocientos kilómetros bajo nuestro propio poder. Puesto que viajábamos por autopistas que también estaban ocupadas por autos y camiones, montábamos en grupos de cinco o seis ciclistas espaciados por un kilómetro. Viajar en estos grupos permitía que los vehículos nos pasaran con seguridad.

No fue hasta esta experiencia que supe lo poderoso que un viento de frente podía ser cuando vas en bicicleta. Y aunque se supone que los vientos predominantes soplan de oeste a este, hubo ocasiones en que el viento soplaba directamente en nuestros rostros.

El líder de cada grupo pequeño de cinco o seis tenía la dificilísima responsabilidad de abrir un boquete de viento en que los ciclistas detrás de él pudieran transitar. El líder también advertía de peligros potenciales en la carretera. Gritaba: «Roca a la izquierda» o «neumático a la derecha» (refiriéndose a trozos separados de llanta en la calzada).

Sobre una Schwinn Super Sport azul de veintiocho libras aprendí acerca de liderazgo. El duro esfuerzo, los peligros, la responsabilidad. Estas lecciones significaron incluso más para mí cuando, dos años después, me convertí en esposo. Fueron lecciones que nunca olvidé.

Me estaba lanzando a un matrimonio y no a un viaje en bicicleta a través de la nación. Pero lo que había aprendido acerca de dirigir con eficacia y sobriedad a un pequeño grupo de ciclistas, dándoles confianza a medida que avanzaban a mi paso, tenía la potencialidad de entregar a mi esposa esa misma sensación que la hiciera sentir segura. Y fuerte.

Si hubiera resuelto ser un líder que mi esposa respetara y admirara, un hombre cuya vida tierna y transparente emulara, un esposo que fuera el tipo de persona que en realidad ella misma quisiera ser, mi esposa podría consentir de buen grado en unírseme en el viaje.

Sencillamente, ella podría seguir en amor.

TRES

«¿Y QUÉ HACE TU ESPOSO?»

Tú y yo tenemos en común una historia de pastoreo. Es verdad.

Hace aproximadamente cuatro mil años que el faraón egipcio invitó a Jacob y su familia a dejar el hambre en Canaán y mudarse a su nación. Debido al liderazgo acertado de José, el undécimo hijo de Jacob, a quien sus celosos hermanos lo habían vendido como esclavo cuando era joven, Egipto era la tierra de la abundancia. Canaán no tanto.

Cuando los hermanos de José llegaron a Egipto, les dieron una audiencia con el mismo faraón. «¿Cuál es vuestro oficio?», indagó, preguntándose sin duda dónde asentaría a esta numerosa familia. «Pastores de ovejas son tus siervos, así nosotros como nuestros padres», respondieron (Génesis 47:3).

Aunque tú y yo no seamos judíos, nuestro linaje espiritual a través del Antiguo Testamento incluye un montón de pastores de profesión. Estos hombres entendieron lo que significaba satisfacer cuidadosamente las necesidades de sus rebaños. Es más, una de las características más notables del relato de la migración de la familia de Jacob desde Canaán a Egipto es que las ovejas también hicieron el viaje. Caminando. Seiscientos cincuenta kilómetros sobre terreno accidentado, lleno de ladrones y animales salvajes que buscaban cordero fresco para cenar.

Mudanza

A principios del verano de 2015, Nancy y yo (principalmente ella) hacíamos planes para nuestra boda en noviembre. Hablamos de opciones de vivienda. Mi casa estaba en Orlando y la de Nancy, en el suroeste de Michigan. Habíamos decidido vender mi casa y encontrar un condominio en Florida, pensando que pasaríamos la mitad cálida del año en el norte y la mitad fría en el sur.

Felizmente obtuvimos un contrato en la casa en Florida en menos de treinta días, y empecé a buscar apartamentos. Con Nancy viviendo a miles de kilómetros de distancia, hice todo lo posible por informar mis hallazgos y observaciones con cada visita a un nuevo edificio en perspectiva. Un viernes por la noche, mientras la ponía al tanto de los bienes raíces, un pensamiento me invadió. No lo mencioné de inmediato y continué con mis descripciones de apartamentos, pero se hacía más y más pronunciado, y finalmente no pude retenerlo.

«No compremos un condominio en Florida —expresé—. Creo que el Señor quiere que me mude a Michigan. A tiempo completo».

Sabía que esto haría los próximos meses mucho menos angustiosos para mi futura esposa. Excepto por dar cabida a un esposo en su casa (tarea no muy fácil para una mujer de cincuenta y siete años que nunca se había casado), habría que hacer un mínimo de ajustes. Por otra parte, y Nancy sabía esto muy bien, mi vida se volvería caótica. Es bastante difícil mudarse de una casa a otra, pero yo estaría distribuyendo mis pertenencias entre cuatro lugares: la casa de Nancy, las casas de mis dos hijas y una nueva ubicación para mi negocio, que tenía su sede en la casa en la Florida. Había mucho trabajo por delante.

Ya que hablaba con Nancy por video llamada, pude verle el rostro mientras le describía el plan. Los ojos se le abrieron con una expresión de asombro.

—¿Harías eso por mí? —preguntó después de una larga pausa.

Sentí un nudo en la garganta. Sabía que Nancy entendía lo que los próximos meses serían para mí. Pude darme cuenta de que ella también estaba sintiendo esa emoción.

En ese momento me vino a la mente un pasaje de las Escrituras. Es la descripción que el apóstol Pablo hace del amor de Cristo por su pueblo, la Iglesia. Es una exhortación a los esposos como tú y yo, ansiosos por ser buenos pastores en nuestros matrimonios.

«GRACIAS POR EL HONOR DE SER TU PASTOR —LOGRÉ DECLARAR FINALMENTE—. GRACIAS POR EL PURO GOZO DE LIDERAR».

—Tengo siete palabras para ti —le dije sonriendo a mi novia.

—¿Solo siete? —respondió ella con la sonrisa que tanto amo.

—Sí... solo siete —hice una pausa. Nancy esperaba—. «Se entregó a sí mismo por ella» —declaré, citando Efesios 5:25.

La emoción que me había formado un nudo en la garganta viajó al norte, y los ojos se me llenaron de lágrimas.

Nancy conocía bien el versículo bíblico y entendía sus implicaciones.

—¿Harías eso por mí? —repitió.

Asentí. Las palabras habladas debían esperar uno o dos minutos.

—Gracias por el honor de ser tu pastor —logré declarar finalmente—. Gracias por el puro gozo de liderar.

El Salvador como Pastor nos guía

El modelo en nuestros matrimonios es la relación de Cristo con nosotros. Él es nuestro Pastor. Nuestro Líder.

Cerca de setecientos años antes del nacimiento de Jesús, refiriéndose al Mesías venidero, Isaías profetizó: «Como pastor apacentará su rebaño; en su brazo llevará los corderos, y en su seno los llevará; pastoreará suavemente a las recién paridas» (Isaías 40:11).

Y sí, el amor pastoral de Jesucristo es tan grande que estuvo dispuesto a entregar su vida por nosotros. Este Pastor es nuestro Salvador. «Yo soy el buen pastor; el buen pastor su vida da por las ovejas» (Juan 10:11).

Cuando tú y tu esposa estaban saliendo, tal vez tenían una canción de amor que seleccionaron juntos. La llamaron «nuestra canción». Unas cuantas semanas después de anunciar nuestro compromiso, Nancy y yo fuimos a cenar no lejos de su casa. Ella tenía que hacer «algunas compras secretas antes de la boda» y me pidió que me adelantara hasta el restaurante, donde se me uniría poco después.

Mientras estaba esperando, un hombre comenzó a tocar un piano. Su repertorio parecía ser de antiguas canciones de amor. Romántico desde mis años de adolescencia, reconocí casi cada una de ellas. Pensé: *Esto es perfecto. Espera a que Nancy esté aquí. Le encantará.* Ella llegó al poco rato y se sentó.

—Escucha la música del piano —comenté—. El hombre está tocando canciones de amor de las décadas de los setenta y ochenta. Y aunque algunos clientes han entrado al lugar, él está tocando solo para nosotros.

Nancy agarró mi mano y me devolvió la sonrisa.

Mientras el hombre tocaba antiguas canciones favoritas, yo canturreaba suavemente una o dos líneas de la canción. Al principio Nancy sonrió, luego me apretó la mano y los ojos le resplandecieron.

—Ninguna de estas canciones es conocida para mí —confesó entonces—. No me sé ninguna de ellas. Nunca antes he estado enamorada.

—Está bien —asentí sonriendo—. Ahora estás enamorada.

Seguí cantando.

Después de nuestra cena, Nancy me dijo que había sido divertido oír esas canciones antiguas, pero cuando hablamos en el auto en camino a su casa, llegamos a la conclusión de que ninguna música es más romántica que los himnos. Por chiflado y timorato que parezca, Nancy y yo nos dimos cuenta de que nada atrae más nuestros corazones uno al otro de modo tan poderoso como la conciencia del amor y la presencia de nuestro Padre celestial.

Esa noche seleccionamos «nuestra canción». Desde el principio de nuestro cortejo, Nancy y yo citamos «Cristo cual Pastor» de Dorothy A. Thrupp en correos electrónicos y mensajes de texto, y cuando estamos juntos.

Cristo cual Pastor,
oh, guía, nuestros pasos en tu amor;
nuestras almas siempre cuida,
guárdalas, oh Salvador.

Así la imagen de un pastor y su oveja se convirtió en el tema de nuestra amistad. Nuestro amor. Nuestro futuro. Juntos.

Ovejas pastoras

Yo necesito un pastor. Tú necesitas un pastor. Tu esposa necesita un pastor. Pero hay algo aún más importante que eso. Si nuestro Pastor va a guiarnos, debemos aprender a ser sus corderitos.

Tómate un momento para dejar que eso se arraigue en ti. Podemos divertirnos describiendo estas criaturas. Podemos sonreír de su cuestionable higiene, vulnerabilidad y propensión a extraviarse. Pero si queremos que el Pastor cuide de nosotros, no tenemos más opción que aprender a ser ovejas. Y confía en mí en esto: ovejas sin pastor es algo muy lamentable.

SI NUESTRO PASTOR VA A GUIARNOS, DEBEMOS APRENDER A SER SUS CORDERITOS.

Si tienes dudas al respecto, te refiero a Shrek, una oveja cuya situación despertó la simpatía de millones cuando su foto fue publicada en Facebook. Shrek parece haber estado escondida durante seis años en una cueva, donde no tenía pastor, nadie que la protegiera, la guiara o la *esquilara*. La oveja promedio proporciona cerca de cinco a siete kilogramos de lana en una sola esquilada. Pero después que Shrek salió de su cueva, su esquilada produjo veinticinco kilos de lana.

Solo entre tú y yo

Tal como he indicado, puedes tardar tiempo en acostumbrarte a este concepto de «pastor». Me llevó tiempo. Pero hace cien años nadie se habría molestado en escribir este libro. No que todo hombre hiciera esto bien, sino que se daba por sentado que un esposo debía guiar su matrimonio con amor y compasión. Pero hoy día las cosas no son como hace cien años, y el liderazgo del esposo en el matrimonio se ve como algo controversial y políticamente incorrecto, e incluso anatema.

La primera insinuación que recibí de que las relaciones entre los sexos estaban mal vino cuando yo era un adolescente bisoño que vivía en Wheaton, Illinois, haciendo un recado para mi padre en la ferretería de Soukup en nuestra ciudad natal. Al acercarme a la entrada, vi a una mujer que venía en dirección opuesta. Llegamos simultáneamente a la puerta, y por instinto extendí la mano y le abrí la puerta. Ella se detuvo y me miró con fulminante desprecio. No entendí y seguí sosteniendo la puerta. Ella no se movió. Yo sonreí y asentí hacia la puerta abierta, creyendo que la mujer tal vez no se daba cuenta de que la estaba sosteniendo para ella. Resulta que esta dama había entendido perfectamente bien.

Entonces la mujer habló. Con la ecuanimidad de una enojada asistente de escuela secundaria, balbuceó con los dientes apretados: «Bien, jovencito, no comprendes. ¿No has oído hablar alguna vez de la liberación femenina?». Entonces me lanzó una mirada iracunda, echó la cabeza hacia atrás y avanzó por la puerta abierta.

ESTO ATORMENTARÍA MIS RELACIONES CON LAS MUJERES DURANTE MUCHOS AÑOS, INCLUIDA LA RELACIÓN CON MI ESPOSA. ESA SENSACIÓN FUE *INCERTIDUMBRE*.

Quedé totalmente sorprendido. Y ella tenía razón: yo no había oído mucho acerca de la liberación femenina, por lo que no entendí. Simplemente estaba avergonzado y mortificado. Tal vez eso es lo que la mujer quería. O quizá la habían intimidado por mucho tiempo hombres que la trataban de modo grosero. Es posible que debido a que era un hombre, y bastante joven, merecía esto.

Este incidente despertó en mí muchas emociones, las cuales perduraron varios días, pero un sentimiento fue más pronunciado. Esto atormentaría mis relaciones con las mujeres durante muchos años, incluida la relación con mi esposa. Esa sensación fue *incertidumbre.*

El subibaja

Era el aparato más peligroso en el parque infantil. Puse esto en tiempo pasado porque estoy seguro de que han sido totalmente eliminados por algún organismo gubernamental protector. Y por una buena razón. Esta vez los burócratas tuvieron razón. Cuando era niño en la escuela primaria había tres (dije bien, tres) de estos aparatos en el parque infantil. Desde luego, estoy refiriéndome al subibaja. O como solíamos llamarlo: el «balancín». El nombre hace que esa cosa parezca amigable e inofensiva. No lo era.

De todo el equipo en el parque infantil, el subibaja (una tabla de cuatro metros sujeta en el centro a un tubo horizontal a unos cincuenta centímetros del suelo) era probablemente el menos costoso. Como sabe cualquiera que alguna vez haya jugado en uno de esos subibajas, su funcionamiento depende de la confianza. Quien monta el extremo elevado se encuentra completamente vulnerable. Si el niño en el extremo inferior se desmonta de pronto, su amigo en el extremo superior sufrirá un desagradable aterrizaje.

Ahora imaginemos que tú y tu esposa están sentados en un subibaja, tú en un extremo y ella en el otro. Están en agradable equilibrio. Entonces todo comienza.

Te empujas y el movimiento te levanta del suelo. Tu esposa desciende. Entonces, mientras estás en el aire, ella empuja, levantándose del suelo y bajándote. Repiten esto varias veces y la sonrisa de ustedes indica que todo está bien. Tú la amas. Ella te ama. Eres confiable. Tu esposa confía en ti. Tú la atiendes. Ella te respeta. Tú la guías. Porque tienes un corazón de pastor y no de vaquero, tu esposa se rinde con gentileza y alegría a tu liderazgo. No presionas ni controlas, guías. La sumisión de ella te inspira a amar, servir y liderar con confianza creciente, lo que a su vez inspira confianza en tu esposa.

Sin embargo, en este momento podrías estar pensando: *Me alegra que tengas un feliz matrimonio de subibaja. Pero mi esposa es más como la mujer con quien te topaste en la ferretería. Para ella «sumisión» significa ser arrastrada del cabello por un cavernícola.* ¿Y si tu esposa estuviera decidida a retarte en todo nivel, a convertir tu matrimonio en una lucha de voluntades? ¿Y si toda conversación, toda decisión y todo conflicto fuera algo para ganar o algo para perder?

Shh...

Si esto te describe, ¿podría sugerirte un enfoque especial? Bajo circunstancias normales, soy gran admirador de la revelación total en el matrimonio. Los secretos pueden ser una piedrita en el zapato. Pero esta vez te sugiero una estrategia distinta. No le digas a tu esposa lo que acabo de decirte. No le digas nada del subibaja. Mantén todo esto bajo el manto del silencio y el misterio. Por ahora.

Había una vez un hombre enojado que quiso presentar una demanda de divorcio. Lleno de rencor le confió a un amigo cómo haría la experiencia lo más dolorosa posible para su esposa.

«Durante los próximos treinta días —explicó—, voy a hacer todo lo que pueda por servir a mi esposa. Le voy a decir palabras de amor y buscaré maneras de prodigarle bondad». Después de un mes de tal tratamiento, le presentaré los papeles del divorcio. ¡Esto le destrozará el corazón!

Treinta días después, los dos hombres volvieron a encontrarse.

—¿Y bien? —preguntó el amigo—. ¿Cómo te fue? ¿La trataste como dijiste que ibas a hacerlo? ¿Le presentaste el divorcio? ¿Quedó destrozada?

—¿Estás tomándome el pelo? —replicó el hombre—. La estoy

pasando como nunca. Mi esposa es increíble. ¿Divorciarme de ella? ¿En serio? Nunca he estado más enamorado de lo que estoy hoy día.

Si tratas a tu esposa como el marido de esta historia trató a la suya (sin la siniestra motivación, desde luego), los resultados podrían sorprenderte. Esto es lo que Alex y Stephen Kendrick explican en su libro *The Love Dare* [El desafío del amor], y que mi esposa Nancy describe en su *30-Day Husband Encouragement Challenge* [Reto de 30 días para el esposo]. Estarás dando a tu esposa una prueba de lo que es pastorear. Al igual que Jesús, vas a amarla como amas a tu mismo cuerpo (Efesios 5:25-28). Nunca subestimes el poder de tales palabras de Pablo: «y se entregó a sí mismo por ella». A causa de tu espíritu humilde, tu esposa estará lista a escucharte. A amarte. A aceptar tu plan. En el próximo capítulo describiré esto con más detalle.

Sin embargo, recuerda que no puedes hacer esto por ti mismo. Vas a oírme decir esto una y otra vez, así que pido disculpas por la repetición. Pero tu habilidad de ser un pastor depende de tu experiencia de ser pastoreado… por el Buen Pastor.

Quédate conmigo en este viaje. Espero que tú y tu esposa se alegren de haberlo hecho.

CUATRO

CÓMO TENERLO TODO

Jehová es mi pastor; nada me faltará.

—SALMOS 23:1

En mis cuarenta y cinco años de enseñar en la escuela dominical, casi siempre basaba la primera lección del nuevo año en un pasaje de la carta a los hebreos. Como podrías esperar, ese pasaje ahora está profundamente grabado en mi corazón:

> Por tanto, nosotros también, teniendo en derredor nuestro tan grande nube de testigos, despojémonos de todo peso y del pecado que nos asedia, y corramos con paciencia la carrera que tenemos por delante, puestos los ojos en Jesús, el autor y consumador de la fe, el cual por el gozo puesto delante de él sufrió la cruz, menospreciando el oprobio, y se sentó a la diestra del trono de Dios (Hebreos 12:1-2).

En la carrera de la vida, Jesucristo guía. Tú y yo lo seguimos. Él establece el paso. Nosotros aprendemos de Él.

Seamos sinceros, esto parece muy limitante, ¿no es así? Por naturaleza somos aventureros. Nuestros corazones palpitan con expectación cuando se nos presenta un campo abierto. Aprovechamos la oportunidad de correr libres. Pero podría parecer como algún tipo de condena si nos dicen que debemos seguir los pasos del líder, quien también es un pastor, que se encuentra a unos cuantos pasos delante de nosotros.

Siendo un empresario incorregible desde la infancia, comprendo este sentimiento. ¿Quién quiere ser un seguidor?

El verdadero reto de las buenas nuevas

Cuando terminé la universidad, trabajé por un tiempo como ministro de jóvenes, y cincuenta años después aún sigo en contacto con algunos de los hombres y mujeres jóvenes que conocí entonces. Pero no fue lo que les enseñé a estos adolescentes lo que resulta inolvidable, sino lo que aprendí de ellos.

La mayoría de mis conversaciones con estos chicos fue acerca de las decisiones que enfrentaban. Hice todo lo posible por entregarme en amor a ellos fácilmente distraídos de la seriedad de las decisiones que estaban tomando, una seriedad que por lo general no apreciamos hasta que somos mayores.

Presentar el evangelio a estos muchachos en una forma convincente e inspiradora fue un reto gigantesco. Al principio intenté algo que parecía un discurso motivacional: «Oye, ¿por qué no pasas adelante y recibes a Jesús como tu Salvador, tu Pastor? Él te hará aún mejor de lo que ya eres. No tienes nada que perder. ¿Por qué no creer en Jesús? Él te engrandecerá».

Pero este enfoque no funcionó porque no era cierto. El mensaje del evangelio es este: tú y yo somos ovejas. Necesitamos un pastor. Podemos anhelar un campo sin cercas, pero sin Alguien que nos muestre el camino, estamos totalmente perdidos. Así que este se convirtió en mi mensaje para estos adolescentes. Sin embargo, la mirada en sus rostros decía: «¡Esto parece como si estuviera renunciando a mi capacidad de elegir!».

Así, como hace todo maestro confrontado con preguntas difíciles, cavé profundo y encontré algo que todavía no he olvidado. No podría ponerlo mejor que el franco apóstol Pablo, así que parafraseé el capítulo sexto de su carta a los romanos, y les dije a esos chicos: «Ustedes van a tomar decisiones, pero la más importante que alguna vez tomarán es seleccionar a su maestro. Es más, cada persona que conoces ha aceptado algo o a alguien que hace el llamado. Un maestro que controla todos tus movimientos. Toda decisión. En realidad, esta no es la decisión más importante que tomas, es la *única* decisión que *puedes* tomar».

LA MÁS IMPORTANTE DE ESAS DECISIONES QUE USTEDES ALGUNA VEZ TOMARÁN ES SELECCIONAR A SU MAESTRO.

En otras palabras, estamos destinados a ser ovejas. Por independientes que nos creamos, somos seguidores. Dada nuestra condición humana, nos guían nuestras decisiones o nuestras pasiones. Estas pasiones toman el control. Son nuestros pastores. Simplemente pregunta a alguien que está recuperándose de la adicción. Nuestra alternativa de vida, nuestra única alternativa verdadera, es la selección de nuestro maestro, nuestro pastor.

Si eso es cierto, entonces la primera línea de Salmos 23, «Jehová es mi pastor», nos presenta la impresionante oportunidad de escoger a Jesucristo como nuestro Líder, nuestro Pastor. Imagínate, seleccionar al Creador del universo para que nos guíe. ¿Podemos hacer algo mejor que esto?

Nada me faltará

Por muchos años, todos en mi familia (casi cien personas, con mis cinco hermanos, sus hijos y sus nietos) han estado cantando el arreglo de Ralph Carmichael de Salmos 23 cuando nos congregamos en una boda, un funeral o una reunión. Hay algo en la forma en que las armonías se acoplan perfectamente con las varias voces en nuestra familia.

«Jehová es mi pastor, nada me faltará» es una de las frases más conocidas de la Biblia. Pero tal vez por eso, a menudo se hace caso omiso a este amado versículo. Lo hemos oído tanto que no le prestamos atención. Pero el arreglo musical de Carmichael usa la letra de la *Nueva Traducción Viviente*: «El Señor es mi pastor; tengo todo lo que necesito», que capta lo que el salmista está diciendo en un modo particularmente poderoso.

UN INDIVIDUO EN BATA DE BAÑO Y CHANCLETAS, Y CON UN PALO TORCIDO EN LA MANO, NOS BRINDA TODO LO QUE NECESITAMOS. ¿EN SERIO? QUÉ TONTERÍA.

Apenas hace unos años, me asombró este versículo, en especial la palabra «todo». Esa es una promesa extraordinaria, ¿no es así? *¿Todo?* Sí, todo. Como resultado de mi relación con mi propio Pastor, no me hace falta nada de lo que necesito. Lo tengo todo.

Sin embargo, para los oídos modernos esto parece muy ingenuo. Sugiere que un individuo en bata de baño y chancletas, y con un palo torcido en la mano, nos brinda todo lo que necesitamos. ¿En serio? Qué tontería. Tenemos propuestas que concluir, propósitos que cumplir, aplicaciones que descargar, proyectos importantes que están esperando, relaciones que luchan por sobrevivir. Luego están las cosas que anhelamos y que no tenemos. Cada año se invierten en publicidad más de doscientos mil millones de dólares. Los anuncios aparecen en vallas y como mensajes publicitarios en todo sitio web que visitamos. Es más, nuestras computadoras y nuestros teléfonos inteligentes conocen nuestros deseos, y nos ofrecen productos que coinciden con nuestros intereses. El mensaje es claro. Tú y yo no tenemos todo lo que necesitamos. Nos estamos perdiendo algo.

En realidad, tengo una confesión. Me hará sentir bien sacar esto de mi pecho. Durante la mayor parte de mi carrera profesional he sido culpable de animar a la gente a separarse de su dinero para comprar lo que estoy promocionando. Este es el propósito de la mercadotecnia. Es por eso que se gastan todos esos dólares.

He aquí el mensaje: Vivimos con un montón de deseos... como si *no* tuviéramos todo lo que necesitamos. Ni de cerca. En nuestras mentes existen muchas cosas que no tenemos, cosas tangibles o intangibles que deseamos.

Pero según Salmos 23, el rey David eligió un Pastor, cuya descripción laboral puede resumirse en una sola palabra: *Líder.* Y la nuestra también: *seguidores.* Cuando seguimos a nuestro Buen Pastor (nuestro Líder), se supone que nuestros deseos son satisfechos. Nuestra «copa está rebosando».

Tu esposa es un corderito

«Las casadas estén sujetas a sus propios maridos, como al Señor; porque el marido es cabeza de la mujer, así como Cristo es cabeza de la iglesia, la cual es su cuerpo, y él es su Salvador. Así que, como la iglesia está sujeta a Cristo, así también las casadas lo estén a sus maridos en todo» (Efesios 5:22-24).

Este podría ser el pasaje más controversial y malinterpretado de toda la Biblia, que provoca innumerables discordias. Pero no debería ser así. Hace muchos años, en un vuelo de Chicago a Orlando me senté junto a una mujer que se hallaba tan profundamente absorta en un libro que no levantaba la mirada. Yo tenía mucho trabajo que hacer, así que me puse contento con el pacto de silencio. Pero cuando nos acercábamos a Orlando, ella cerró el libro y saludó. Le devolví el saludo y hablamos durante los siguientes minutos.

Esta mujer era analítica, y podría agregar que era inteligente. Incluso después de algunas preguntas mías que respondió parcialmente, supe muy poco sobre ella además de su nombre. Pero Edith parecía intensamente interesada en lo que yo hacía, tanto que me pregunté si le había echado una mirada a la correspondencia que había estado transmitiendo desde mi computadora portátil.

—¿Es usted cristiano? —preguntó Edith con un tono de voz que me hacía saber que si respondía afirmativamente, me estaba metiendo en una batalla.

—Sí —contesté—, soy cristiano.

A pesar de que nuestro vuelo casi había terminado, Edith me acribilló con más preguntas, yendo finalmente al grano.

—Apuesto que usted es uno de esos fundamentalistas.

No contesté debido a que el timbre de su voz era el mismo como si hubiera dicho: «Apuesto que usted es leproso». Pero ella no había terminado.

—Y apuesto que usted es uno de esos fanáticos que afirman que Jesús es el único camino a la salvación.

Hice una rápida oración. Lo último que yo quería hacer era entrar en una pelea, verbal o no, con esta mujer, pues no es una gran manera de dar a conocer las buenas nuevas.

—En realidad —contesté—. Yo no digo esto acerca de las afirmaciones exclusivas de Cristo.

Ella me miró con curiosidad.

—No necesito hacerlo —continué—, porque Jesús lo dijo respecto de sí mismo. Él es el único que afirmó ser el camino exclusivo hacia Dios. Supongo que usted tendrá que llevar sus inquietudes ante Él.

Edith esbozó una sonrisa. Ya me había dicho que era una anciana en una iglesia tradicional, así que sabía que lo que dije era cierto. ¿Y por qué era cierto? Porque está en la Biblia. Inequívocamente.

Así como el testimonio de Jesús de que «nadie viene al Padre, sino por mí», la exhortación a las esposas en cuanto a la «sujeción» está en la Biblia. No hay equivocación. Sin parecer sarcástico, los que prefieren ponerlo en duda tendrán que hablar con el Autor.

A fin de ser obediente a la Palabra de Dios, tu esposa debe sujetarse a tu liderazgo. Ella es un cordero y tú eres su pastor. Afirmar esto como verdad puede enviar este libro a la papelera de reciclaje. Comprendo. De veras. Al haber pasado casi treinta años como anciano en dos iglesias alineadas con denominaciones protestantes «tradicionales», imagino a algunos de mis amigos en esas iglesias. Estos individuos podrían estar buscando mi dirección de correo electrónico en sus listas de contactos para enviarme un mensaje especial de condolencia.

Hace muchos años, en una clase de escuela dominical me referí al deber de la esposa acerca de la «sujeción» (la otra palabra con «s» en las mentes de algunas personas). Después un amigo se me acercó preocupado: «Sé de hombres, maridos cuyas esposas han intentado esta ruta de la sujeción —manifestó—. Ellas han hecho todo lo posible por honrar y respetar a sus esposos. Han dejado voluntariamente a ellos el liderazgo en sus matrimonios».

Pensé: *Hasta aquí todo va bien.* Pero sabía que mi amigo tenía más que decir, así que seguí escuchando.

«Pero estos tipos son brutos. Toman la sujeción de sus esposas como licencia para ser groseros y desconsiderados. Afirman amar a sus esposas, pero viran los ojos con desdén cuando ellas hablan».

Seguí escuchando atentamente.

«En mi opinión —continuó mi amigo, al parecer llegando a una conclusión—, creo que el movimiento feminista pudo haber empezado en gran manera en mujeres cristianas que habían tenido suficiente. Intentaron aquello de la sujeción, y lo único que obtuvieron fue frustración e indignidad».

EL MOVIMIENTO FEMINISTA PUDO HABER EMPEZADO EN GRAN MANERA EN MUJERES CRISTIANAS QUE HABÍAN TENIDO SUFICIENTE. INTENTARON AQUELLO DE LA SUJECIÓN, Y LO ÚNICO QUE OBTUVIERON FUE FRUSTRACIÓN E INDIGNIDAD.

Recuerdo este momento como si hubiera ocurrido la semana pasada. Le agradecí a mi amigo por su franqueza, pero la mente me daba vueltas. Al mencionar estos versículos, ¿había dirigido mal a las mujeres casadas en la clase? ¿Les había preparado para la frustración en sus matrimonios e incluso para el maltrato? ¿Eran obsoletas las instrucciones del apóstol? Mientras caminaba hacia mi auto, las palabras de la activista australiana Irina Dunn resonaron en mis oídos: «Una mujer necesita a un hombre como un pez necesita una bicicleta».

En los meses siguientes seguí pensando en este asunto. Ya han pasado años y por primera vez estoy poniendo por escrito mis pensamientos. Con mis deseos de estar charlando contigo frente a una taza de café en lugar de estar comunicándome mediante el medio impersonal de un libro, quiero decir algo que podría ser un elemento de cambio tanto para ti como para tu esposa.

A menudo la palabra «fe» se usa para describir las inclinaciones religiosas de alguien, como en: «él es un hombre de fe profunda». Pero esto plantea la pregunta: fe ¿en *qué*? Puedo tener fe en algo que es verdad o fe en un milagro, lo cual cambia las cosas. Igual pasa con la palabra «sujeción». ¿A quién o qué se le pide a tu esposa que se sujete? Por suerte, Pablo responde esa pregunta pintando un cuadro vivo de un hombre, un pastor, que merece de veras que su esposa esté sujeta a él.

Eres un pastor

Gracias a Dios, justo después de decir a las esposas que se sujeten a sus esposos, Pablo nos habla a ti y a mí, como esposos:

«Maridos, amad a vuestras mujeres, así como Cristo amó a la iglesia, y se entregó a sí mismo por ella, para santificarla, habiéndola purificado en el lavamiento del agua por la palabra, a fin de presentársela a sí mismo, una iglesia gloriosa, que no tuviese mancha ni arruga ni cosa semejante, sino que fuese santa y sin mancha. Así también los maridos deben amar a sus mujeres como a sus mismos cuerpos. El que ama a su mujer, a sí mismo se ama» (Efesios 5:25-28).

Sin duda has oído la expresión «poner expectativas elevadas». Pues bien, lo que acabamos de leer lleva esta expresión a un nivel espectacular, ¿verdad? He aquí una realidad en que puedes confiar. Si amas a tu esposa como Cristo ama a la suya, la Iglesia, entonces la sujeción de ella a tu liderazgo le resultará emocionante.

Quizá el pecho se te hincha ante la idea de ser un líder. Podrías estar pensando: *¡Así se habla! Es hora de que reciba aquí el respeto que merezco*. En realidad, el liderazgo del que estoy hablando no es de la clase que tal vez suelas ver. Este liderazgo es de un tipo totalmente distinto. ¿Por qué? Porque los juegos de intimidación, poder, control y manipulación son totalmente ineficaces en el matrimonio.

Un líder que exige que se le tome en serio basándose tan solo en su posición de liderazgo es un líder débil.

Tu primera exposición a un hombre que asumió liderazgo en el matrimonio fue tu propio padre. Si él fue un gran ejemplo, eres realmente afortunado. Lo único que tienes que hacer ahora es seguir sus pasos. No tienes que buscar otro modelo. Pero si su ejemplo no fue tan bueno, no importa. Existen otros ejemplos. Como Jesucristo.

UN LÍDER QUE EXIGE QUE SE LE TOME EN SERIO BASÁNDOSE TAN SOLO EN SU POSICIÓN DE LIDERAZGO ES UN LÍDER DÉBIL.

«Nada hagáis por contienda o por vanagloria; antes bien con humildad, estimando cada uno a los demás como superiores a él mismo; no mirando cada uno por lo suyo propio, sino cada cual también por lo de los otros. Haya, pues, en vosotros este sentir que hubo también en Cristo Jesús» (Filipenses 2:3-5).

Jesús era Dios. Tenía más poder que cualquier hombre que haya caminado en la tierra, pero su vida fue un ejemplo impecable de la clase de liderazgo que debes asumir con tu esposa.

En las propias palabras de Jesús, he aquí la opinión correcta de «estar a cargo».

«Sabéis que los gobernantes de las naciones se enseñorean de ellas, y los que son grandes ejercen sobre ellas potestad. Mas entre vosotros no será así, sino que el que quiera hacerse grande entre vosotros será vuestro servidor, y el que quiera ser el primero entre vosotros será vuestro siervo; como el Hijo del Hombre no vino para ser servido, sino para servir, y para dar su vida en rescate por muchos» (Mateo 20:25-28).

El servicio es en tu matrimonio el aspecto fundamental del liderazgo, es decir, del pastoreo eficaz. Esto es agradable a Dios.

Los esposos que exigen que sus esposas se sometan a ellos han perdido por completo la noción del liderazgo piadoso. Son como el rey de la tira cómica que recorre el castillo gritando: «¡*Yo soy* quien manda aquí!». Los hombres que actúan de este modo solo están revelando su propia inseguridad. Temen que si no hacen exigencias iracundas, nadie los seguirá. Jesús declaró: «Entre vosotros no será así». No debe ser así contigo ni conmigo.

Por eso nuestro viaje ha comenzado. En el resto de este libro exploraremos cómo es el pastoreo de un esposo que quiere imitar al Buen Pastor. El objetivo es darte ideas específicas junto con mucho aliento. Espero y oro que estos capítulos sean instructivos y útiles.

CINCO

UN PASTOR CONOCE A SUS OVEJAS

Sé diligente en conocer el estado de tus ovejas,
y mira con cuidado por tus rebaños.

—PROVERBIOS 27:23

¿Conoces bien a tu esposa?

¿No es genial cuando conoces la respuesta a una pregunta? ¿Conocerla realmente? Cuando maestros o profesores hacían preguntas en clase y tenías la respuesta en la punta de la lengua, esto era muy divertido. Levantabas la mano con la esperanza de ser escogido. Años de observar el programa televisivo de preguntas y respuestas *Jeopardy* me recordó el deleite de «conocer».

Las dos primeras veces que el verbo «conocer» aparece en la Biblia son en relación con el matrimonio. El primer caso de conocer viene inmediatamente después que Adán y Eva comieran del fruto prohibido:

«Entonces fueron abiertos los ojos de ambos, y *conocieron* que estaban desnudos; entonces cosieron hojas de higuera, y se hicieron delantales» (Génesis 3:7).

Adán y Eva estaban recién casados. Todo en el huerto era perfecto. Puro. Su entorno y su matrimonio eran perfectos. Entonces vino la serpiente, una pregunta formulada a la mujer, un esposo pasivo, una mordida a la fruta prohibida y la perfección desapareció. Voló. Se borró. Se destiñó. En ese momento, Adán y Eva vieron sus propios cuerpos de una nueva manera. Habían estado desnudos todo el tiempo, pero ahora lo «conocían». Este conocimiento connota absoluta transparencia. Antes estaban desnudos; pero ahora, debido a su consentimiento al pecado, la vulnerabilidad que tuvieron era evidente.

Tú y tu esposa son pecadores. Mi esposa y yo también lo somos. Tenemos que señalar a nuestros primeros padres por esto. Como salir en un día helado sin un suéter, el pecado de Adán y Eva dio paso a una nueva vulnerabilidad, y los expuso a la nueva realidad de su verdadero carácter: su naturaleza pecaminosa.

Hacer el amor toma tiempo

El segundo caso de «conocer» podría sorprenderte.

«Conoció Adán a su mujer Eva, la cual concibió y dio a luz a Caín, y dijo: Por voluntad de Jehová he adquirido varón» (Génesis 4:1).

Cuando duermes con tu esposa, cuando tienes relaciones sexuales con ella, estás «conociéndola». Y hacer esto bien puede tomar mucho tiempo. Una de las peculiaridades de hacer el amor es que, por lo general, necesitas menos tiempo en estar «listo» que tu esposa. Tu clímax puede suceder en cuestión de minutos. No así con ella.

Por diseño de Dios, toma tiempo en tu esposa estar preparada para recibirte. Y esta preparación no solo es fisiológica (y por supuesto que lo *es*) sino que su buena disposición debe ser total. Es psicológica, emocional, espiritual y fisiológica. A pesar de que puedes presionarla a tener relaciones sexuales contigo en cualquier momento, esto no resultará bien para ella. Y en última instancia tampoco para ti. Estoy describiendo un pastor que lidera una oveja en lugar de un vaquero que conduce ganado. A fin de que tu esposa llegue, como dicen, «de aquí a allá», debes ser tierno, amable y paciente.

Para hacer más comprensible este punto, Barbara Brown Taylor cuenta lo que aprendió de un amigo que se crio en una granja de ovejas.

«Las ovejas para nada son tontas. Son los ganaderos los responsables de extender ese feo rumor, y todo porque las ovejas no se comportan como vacas. Según mi amigo, a las vacas las arrean vaqueros que desde atrás lanzan gritos y chasquean látigos, pero eso no funciona en absoluto con las ovejas. Si te pones detrás de ellas haciendo ruido, lo único que conseguirás es que corran detrás de ti, porque prefieren ser guiadas. Mi amigo declaró: *Empujas* vacas, pero *guías* ovejas».[1]

Las relaciones sexuales satisfactorias requieren dos cosas de ti: paciencia y ternura. Por esto es que las salidas ocasionales solamente los dos son una gran inversión. Sin distracciones. Sin interrupciones. Sin niños parados afuera tocando la puerta cerrada de la habitación y tratando de conseguir que les respondas. Centrarse uno en el otro, con tiempo de sobra. Esta es una buena idea.

Y si no estás seguro en cuanto a la satisfacción de ella, pregúntale, pero no «en el momento». En otro tiempo y lugar, dile a tu esposa que estás ansioso de que tener relaciones sexuales sea una experiencia maravillosa *para ella*. Invítala a que te diga qué funciona y qué no. Luego, cuando ella te lo diga, escucha con cuidado. Tu objetivo es que tu intimidad con ella la haga sentir segura, protegida y amada.

No has terminado cuando crees que ya terminaste

Tal como dije, es probable que en la relación sexual alcances el clímax antes que tu esposa, y tal vez muchísimo antes.

Fisiológicamente tu cuerpo está diciéndote que has terminado. Cortejaste. Estás satisfecho. Terminaste.

No tan rápido, principiante. Aunque tu cuerpo haya alcanzado su pináculo eufórico, tu esposa aún podría querer —necesitar— tu ternura, tu contacto, tus caricias.

Hace años mi auto Chevy tenía un problema de apagado. Incluso cuando la llave de encendido se giraba a la izquierda, el motor seguía traqueteando y funcionando; lo llaman «efecto diésel». Después de haber tenido intimidad con tu esposa, tu encendido puede estar en posición apagado, pero es posible que el motor de tu esposa todavía esté funcionando, con efecto diésel. Abrázala y tócala hasta que ella haya concluido completamente. Cuando afirmo que un pastor *conoce* a sus ovejas, me refiero a esta ternura y paciencia.

> **AUNQUE TU CUERPO HAYA ALCANZADO SU PINÁCULO EUFÓRICO, TU ESPOSA AÚN PODRÍA QUERER —NECESITAR— TU TERNURA, TU CONTACTO, TUS CARICIAS.**

Una sugerencia más: Nunca, bajo ninguna circunstancia, le hables a alguien acerca de esta experiencia con tu esposa. A menos que estés hablando con un súper experto, mantén todo esto «en secreto».

La historia de los tres gerundios

Apuesto que no puedes esperar a leer acerca de esto. ¿Tres gerundios? Parece divertido, ¿verdad? Al recordar las clases de castellano en el colegio, es probable que estés diciéndote: «Creo recordar qué es un gerundio, pero sigue adelante y recuérdamelo».

Si añades «ando, iendo o yendo» a un verbo, lo conviertes en un gerundio. «Cuando mezclo el cemento, me doy cuenta de que esa es la parte más difícil de la albañilería». Aquí «mezclo» es un verbo. «Estar mezclando el cemento es la parte más difícil de la albañilería». Aquí «mezclando» es un gerundio. ¿Captaste? Bien hecho.

¿A quién le importan los gerundios y cuál es la historia de tres de ellos? Me alegra que lo hayas preguntado.

Temprano una mañana, no mucho después de haberme mudado a Michigan, el sonido de un rifle perforó el aire frío y tranquilo.

—¿Qué es eso? —le pregunté a Nancy.

—Disparos —respondió ella, recordando que esta era mi primera temporada de caza de invierno en Michigan.

A DIFERENCIA DE ESTAR BUSCANDO Y HURGANDO, NUESTRO TERCER GERUNDIO, «PASTOREANDO», TIENE UN DESTINO.

Entonces se me ocurrió el primer gerundio. Andar «cazando», o buscando presa, es algo que muchos hombres hacen aquí en el norte.

Considera el gerundio de «buscar». Expresa insatisfacción, de no conseguir algo, como en: «Cariño, ¿sabes dónde están las llaves de mi auto? He estado buscándolas por toda la casa». Mientras estés buscando, no has encontrado.

El segundo gerundio es de «hurgar». Las mujeres que llevan esas enormes carteras saben de esto. Hablando de llaves perdidas de auto, la cartera es tan grande que podría tardar cinco minutos hurgando antes de encontrarlas. Al igual que buscar, hurgar sugiere insatisfacción. Bueno, ¿cuántos hombres conoces que pasan muchísimo tiempo buscando y hurgando? Tal vez seas uno de ellos. Eso es bueno.

A diferencia de estar buscando y hurgando, nuestro tercer gerundio, «pastoreando», tiene un destino. A diferencia de buscar y hurgar, esta es una tarea que completas, una responsabilidad que cumples. No es un anhelo, sino un objetivo. Por supuesto que tomará tiempo, pero tú y yo podemos pastorear con éxito. Hace varios años encontré este versículo escondido en el Antiguo Testamento. Demuestra que el matrimonio, pastorear a tu esposa, no es una tarea sin destino.

«Cuando alguno fuere recién casado, no saldrá a la guerra, ni en ninguna cosa se le ocupará; libre estará en su casa por un año, para alegrar a la mujer que tomó» (Deuteronomio 24:5).

¿Puedes imaginar a un israelita de antaño entrando a la oficina de su jefe?

—Este... —titubea—. Usted sabe que me caso el mes entrante.

El jefe asiente, pero como sospecha que le van a decir algo más, se queda en silencio. Efectivamente.

—Y me gustaría pedirle algún tiempo para mi luna de miel.

ASÍ COMO LA PACIENCIA ES NECESARIA EN LAS RELACIONES SEXUALES, EL PROCESO COMPLETO DE CONOCER A TU ESPOSA NO PUEDE HACERSE DE PRISA.

El jefe sonríe, recordando la alegría de su propia luna de miel muchos años antes.

—¿Cuánto tiempo quisieras tener?

—¡Un año! —exclama el valiente joven.

Sonreímos de esta situación. Qué tontería. ¿Todo un año de luna de miel? Pero aquí hay mucha sabiduría. Así como la paciencia es necesaria en las relaciones sexuales, el proceso completo de conocer a tu esposa no puede hacerse de prisa. Admito que un año parece poco razonable en esta época, pero si vas a ser un pastor sabio, aprender los dulces matices e idiosincrasias de tu oveja lleva tiempo.

Practica tres veces

Con una carrera de 1.210 triunfos y 694 derrotas, Pat Riley es uno de los entrenadores más exitosos de baloncesto profesional. Sus mini concentraciones son legendarias. Al preguntársele por qué él y sus equipos han tenido tanto éxito, Riley ofrece su respuesta de marca personal: «Practicar. Practicar. Practicar».

Hacer bien las cosas en tu matrimonio requiere práctica. Sin duda alguna. Sin embargo, y esto podría sorprenderte, pastorear tu matrimonio no tiene que ver solo con práctica. También tiene que ver con ganar; con ser el primero en hacer ajustes para demostrar amor por tu esposa. Significa ser el primero en servir, en perdonar y en sacrificar tu conveniencia. Ganar. Esto describe el amor radical y expiatorio de Jesús el Buen Pastor.

Propiedad del 51%

En 1986, cuando Michael Hyatt y yo fundamos Wolgemuth & Hyatt Publishers, decidimos por consejo de nuestro abogado dividir la propiedad de la compañía en 51-49 y no 50-50. Puesto que yo era un poco mayor y con algunos años más de experiencia editorial a mi haber, Mike sugirió que yo debía asumir la mayor parte de la propiedad. Estuve de acuerdo. Pero en ese momento, y nunca lo olvidaré, en silencio resolví nunca utilizar mi participación mayoritaria para imponer algo a mi socio comercial. Mi trabajo era manejar algunas de las tareas más engorrosas del negocio y ayudarle a desarrollar sus habilidades y dones. Nunca le hablé de esta decisión. Mi éxito iba a mostrarse como su éxito.

Es cierto que en tu matrimonio, tú y tu esposa son cada uno 100% «participantes». Pero como el pastor en nuestros matrimonios, tomando el ejemplo de mi propia experiencia comercial, tú y yo somos 51% «dueños». Si tu esposa supiera que este papel te inspiraría al servicio heroico, ella misma lo elegiría para ti. Ese es el pastor que está buscando. Lo eres.

Lucha por ella

Cuando era niño, mis padres tenían una norma estricta de «no armas». Nunca vi a mis hermanos ni a mí con pistolas de juguete colgando de nuestros cinturones. Pero de lo que papá y mamá no se dieron cuenta fue de lo que podíamos hacer con un banano, un palo, un lápiz, un teléfono, un pedazo de espagueti crudo, un gato dormido, un hermano pequeño, un dedo, un animal de peluche... captas la idea.

LA AGRESIÓN ES INNATA EN LOS HOMBRES. NOS ENCANTA CONQUISTAR.

La agresión es innata en los hombres. Nos encanta conquistar. Así lo explica George Will: «Durante la séptima u octava semana en el útero, a los bebés varones se les infunde una hormona masculina explosiva llamada testosterona. Esta hace agresivos a los niños pequeños. En todas las sociedades, los hombres son más propensos que las mujeres a jugar con brusquedad, a conducir con imprudencia y a pelear».[2] La mayoría de los muchachos estan hechos para pelear.

Al ser esposos (pastores), nuestro trabajo es ganar la oportunidad de guiar con gentileza, de luchar por la oportunidad de cortejar a nuestras ovejas con humildad y bondad. Podemos pasar nuestras vidas trepando la escalera empresarial, luchando contra adversarios en el tribunal, ganando torneos de tenis o combatiendo con enfermedades en la sala de operaciones. Pero los hombres que no hacen su mejor esfuerzo en su papel como pastores, la mayoría de las veces se encuentran peleando las batallas equivocadas. Si las ovejas se quedan sin pastor, en realidad no importa ganar.

En el 2005 se despeñaron 1.500 ovejas en una aldea remota de Turquía. Solo 450 perecieron cuando sus cuerpos amortiguaron la caída de las 1.050 que las siguieron. Las noticias no dieron explicación para el suicidio masivo, pero parece que los pastores se habían ido a desayunar. Una oveja saltó y al parecer las demás la siguieron. Las ovejas tienden a meterse en graves problemas si no tienen pastor.

¿Ovejas rebeldes?

En este momento es posible que en tu mente esté fraguándose una inquietud. Podrías estar diciendo: «Está bien. Así que voy a asumir mi papel como pastor de mi esposa. No voy a tomar mi año deuteronómico del trabajo, ni siquiera voy a tomar un descanso para el desayuno irresponsablemente largo, sino que voy a convertirme en un experto en mi esposa y a pastorearla con seriedad. No obstante, ¿y si mi esposa no está interesada en ser guiada? ¿Y si desafía mis intentos de pastorearla? ¿Entonces qué?».

Esa es una inquietud importante, y en realidad solo hay una respuesta buena. No tienes el poder para cambiar a tu esposa. Por mucho tiempo que hayas estado casado, es probable que lo hayas intentado y no has podido. ¿Por qué? Porque solo Dios puede cambiar el corazón de tu esposa, y Él lo hará cuando ella decida escuchar esa voz divina. Por eso tú oras de modo amoroso para que tu esposa entienda. Y tu oración es que te conviertas en el tipo de pastor que ella siga de buena gana. Puedes decidir ser un buen pastor. Seguirte deberá ser decisión de ella.

Una historia verdadera

Te he contado algo de la fortaleza, el talento y la sabiduría de dos mujeres a quienes he tenido el privilegio de llamar mi esposa. ¿Qué interés tendrían tan extraordinarias mujeres en ser guiadas por su esposo? Su disposición de verme como la cabeza de nuestro matrimonio y dejarme guiar no fluyó de una sensación de insuficiencia o de necesidad sino de su convicción del llamado espiritual.

¿Y SI MI ESPOSA NO ESTÁ INTERESADA EN SER GUIADA? ¿Y SI DESAFÍA MIS INTENTOS DE PASTOREARLA? ¿ENTONCES QUÉ?

Dios hizo una obra en sus corazones y ellas obedecieron la voz divina.

Rosaria Butterfield, una querida amiga nuestra, se crió en un hogar de «incrédulos comprometidos» y se volvió profesora de inglés en una importante universidad estatal, publicando y enseñando en los campos de literatura del siglo XIX y de la teoría feminista. También fue enlace del cuerpo docente para la comunidad LGBTQ en el recinto universitario. Rosaria era sumamente independiente y muy hostil al evangelio y a los cristianos que adoptan la verdad bíblica. Sin embargo, finalmente mediante el humilde testimonio de un pastor y su esposa que se acercaron con amor y hospitalidad a ella y a su compañera lesbiana, los ojos de Rosaria se abrieron y por fe recibió a Cristo como su Salvador. Con el tiempo se casó con Kent Butterfield, un pastor, y amorosamente adoptaron cuatro hijos tras-raciales, dos de los cuales salieron de hogares transitorios a los diecisiete años de edad.

En una conversación con mi esposa Nancy en su programa radial «Aviva nuestros corazones», Rosaria habló de su papel en su matrimonio, en que el papel del pastor es claro:

«El Señor nos ha moldeado a Kent y a mí en un carácter de una sola carne que en realidad se ha desarrollado, crecido y madurado a partir de nuestra relación espiritual. Los esposos tienen un papel poderosamente difícil como cabezas del hogar... mueren a sí mismos. He sido realmente bendecida al aprender a someterme al liderazgo espiritual de Kent y a descansar en su autoridad. Eso ha sido realmente crucial».

Rosaria continuó: «Me casé a los treinta y nueve años de edad... Había sido una mujer profesional toda la vida y ahora estoy dedicada a ser una esposa sometida, porque sé que eso da gloria a Dios y respeto a mi esposo. Estoy realmente agradecida que el Señor supiera que yo necesitaba que Kent Butterfield fuera mi esposo y mi cabeza.

»Estoy muy contenta de que, por la gracia de Dios, hubiera logrado entender que la autoridad de Kent era la protección de Dios sobre mí. Por tanto, cuando hemos tenido decisiones difíciles, a menudo Kent y yo solemos tener una manera similar de enfocar las cosas, pero definitiva y finalmente él las dispone. Puedo descansar en eso, aunque a la vez yo pueda ver algunas situaciones de manera distinta. Y puedo apelar a mi Señor cuando oro por Kent».

Cuando escuché a Rosaria decirle esto a Nancy, quedé tanto asombrado como animado. He aquí una mujer que una vez fue una ardiente feminista pero que ahora encuentra gran gozo en seguir el patrón bíblico para el matrimonio.

El arte perdido de estar perdido

De todas las tecnologías que me dejan sin aliento, el sistema de posicionamiento global (GPS) es la principal. La voz que viene de mi teléfono o del tablero de instrumentos que me dice exactamente dónde estoy y cómo llegar donde quiero ir era inimaginable hace unos años. Pero con la aparición del navegador, los mapas de papel se han vuelto obsoletos.

En mi crecimiento me volví fanático de los mapas de papel. Creo que llegué a apreciarlos cuando los vi por primera vez extendidos en el regazo de mi madre mientras hacíamos viajes familiares. Cuando compré mi primer auto siendo estudiante universitario, llené la guantera con un montón de mapas nítidamente doblados. Ver el panorama general, dónde me hallaba y hacia dónde me dirigía, me producía una sensación de seguridad y de logro una vez que llegaba a mi destino. Detestaba perderme. Incluso escribir la palabra «perdido» me produce una sensación de desazón en el estómago.

Entonces vino el navegador. Aunque extraño el panorama general que proporciona un mapa de papel, aprecio tener a «alguien» hablándome desde el punto A hasta el punto B. Sin confusión. Sin problemas. Sin perderme.

Al saber siempre dónde estamos y a dónde vamos, y exactamente a qué hora vamos a llegar, hemos olvidado la horrible sensación de estar perdidos. Por eso, cuando hablamos de la maravilla de tener un pastor que nos guíe o nos encuentre, es fácil pasar por alto el trauma emocional de perdernos. Estar perdido puede ser algo aterrador.

La oveja perdida

En Lucas 15, Jesús nos cuenta historias de tres cosas perdidas: una oveja, una moneda y un hijo. La tercera historia ocupa la mayor parte del capítulo, por lo que tiende a ensombrecer a las otras dos. En realidad, es común que a todo el capítulo se le haga referencia como la historia del hijo pródigo.

Pero no deberíamos pasar por alto la primera historia:

«Entonces él [Jesús] les refirió esta parábola, diciendo: ¿Qué hombre de vosotros, teniendo cien ovejas, si pierde una de ellas, no deja las noventa y nueve en el desierto, y va tras la que se perdió, hasta encontrarla? Y cuando la encuentra, la pone sobre sus hombros gozoso; y al llegar a casa, reúne a sus amigos y vecinos, diciéndoles: Gozaos conmigo, porque he encontrado mi oveja que se había perdido» (Lucas 15:3-6).

Esta narración es una parábola. Jesús la contó para resaltar algo importante. ¿Y qué es ese algo? He aquí mi opinión. Lucas nos dice que a Jesús lo estaban escuchando dos grupos: «Los publicanos y pecadores» y «los fariseos y los escribas» (15:2). Los primeros eran considerados sinvergüenzas por las élites. Los publicanos eran traidores, que recaudaban dinero de su propio pueblo para los romanos invasores. «Pecadores» eran aquellos no tan inteligentes como para evitar que los atrapen haciendo lo que casi todos los demás hacían. Imagino a Jesús enseñando a estas personas en un entorno casual, quizá al aire libre. Y ya que «los publicanos y pecadores» entendían su baja posición social, eran los más hambrientos y sensibles, probablemente sentados cerca del Maestro.

ESTE PASTOR ES SERIO, CENTRADO E INTENCIONAL. NO SOLO CONOCE SU MATEMÁTICA, CONOCE A SUS OVEJAS.

Anteriormente, Jesús había cenado con el muy conocido publicano Mateo, indicando el tipo de personas que Él había venido a salvar:

«Y los escribas y los fariseos, viéndole comer con los publicanos y con los pecadores, dijeron a los discípulos: ¿Qué es esto, que él come y bebe con los publicanos y pecadores? Al oír esto Jesús, les dijo: Los sanos no tienen necesidad de médico, sino los enfermos. No he venido a llamar a justos, sino a pecadores» (Marcos 2:16-17).

Me imagino la escena donde se narra la historia de cosas perdidas, con los oyentes de Cristo sentados en semicírculos concéntricos, y los peores de ellos (los pecadores) «se acercaban a Jesús» poniéndose al frente de Él. Más lejos están los fariseos y los escribas. Cuando el Señor empieza sus historias, mira a los ojos de los hombres sentados a sus pies. Y a pesar de que ya ha llamado a ambos grupos de oyentes «ovejas que no tienen pastor» (Mateo 9:36), el enfoque de al menos la primera historia está en los que se hallan más cerca, aquellos al parecer perdidos y en necesidad de un pastor.

En esa época, cien ovejas representaban un rebaño de tamaño moderado y atenderlas habría sido un trabajo de tiempo completo. Jesús no nos ofrece muchos detalles, solo que un hombre tenía cien ovejas y una de estas se perdió. El Señor también insinúa que las otras noventa y nueve estaban confinadas y protegidas de alguna manera, quizá en un redil. El pastor no dejó a estas ovejas en «campo abierto» cuando salió en busca de la perdida.

Podríamos sacar una serie de lecciones de esta historia: la propensión de las ovejas a descarriarse o la disposición del pastor a dejar todo para encontrar a la oveja perdida. Pero mi lección favorita de la historia es simplemente esta: el pastor conoce a sus ovejas. Este no es un pastor pasivo, no es el «asalariado» que «ve venir al lobo y deja las ovejas y huye» (Juan 10:12). Este pastor es serio, centrado e intencional. No solo conoce su matemática, conoce a sus ovejas.

Tu esposa

Al recordar esta parábola de la oveja perdida, no estoy sugiriendo que tu esposa sea una vagabunda, que un día llegarás a casa y descubrirás que ha desaparecido. Aunque conozco hombres a quienes les ha sucedido eso, no es a lo que me estoy refiriendo. Pero pon atención, por favor, a lo siguiente.

¿Recuerdas cuando recitaste tus votos matrimoniales a tu novia? ¿El momento en que la miraste a los ojos y le prometiste «amarla y cuidarla hasta que la muerte nos separe?». Yo hice eso en marzo de 1970 y otra vez en noviembre de 2015. Y en cada caso, con absoluta claridad recuerdo la resolución y certeza de la mujer que estaba delante de mí, seria y sobria acerca de lo que estaba diciéndome. Sus ojos me decían que su corazón era hogareño. Que ella estaba segura.

SUS OJOS ME DECÍAN QUE SU CORAZÓN ERA HOGAREÑO. QUE ELLA ESTABA SEGURA.

Tal vez has tenido la misma sensación. Pero en las semanas y los meses que siguieron a ese intercambio de votos, llegó un momento en que te diste cuenta de que los corazones de ambos estaban más separados de lo que estuvieron en el altar. Debido a que mi matrimonio con Nancy es el más reciente, recuerdo vívidamente esta mirada en ella.

Menos de un mes después de nuestra boda en Chicago nos fuimos por unas semanas a celebrar la Navidad en una pequeña casa en las Carolinas. Esta se hallaba cerca de mis hijas y nietos, con quienes Nancy y yo esperábamos pasar tiempo. Algunos días después de nuestra llegada, la lavadora convirtió el primer piso de la casa en una piscina infantil. Durante las tres semanas siguientes vimos un desfile de contratistas y, gracias a Dios, un ajustador de seguros que accedió a cubrir los gastos. Pero las semanas que Nancy y yo teníamos la intención de pasar con las hijas y los nietos, y los dos juntos, además de hacer algunos trabajos, las pasamos en una pequeña habitación en la planta alta. Con solo el espacio suficiente para dos sillas mullidas una frente a la otra y una mesita en medio. Pasamos casi tres semanas haciendo nuestro trabajo uno frente al otro.

En los diez meses desde que habíamos comenzado a salir, habíamos estado juntos muchas horas. La mayor parte de este tiempo lo pasamos sentados en un sofá frente a una chimenea o en un restaurante ante una mesa cuadrada. Pero no literalmente cara a cara. Al menos no cara a cara tres semanas de cada hora despiertos.

Una tarde en nuestra pequeña y estrecha sede, la conversación giró hacia una situación difícil relacionada con mi negocio. Al ver las cosas desde perspectivas distintas, concretamos nuestras ideas y opiniones fuertes. A medida que hablábamos, ambos expresamos emoción con respecto a nuestra visión de lo que había sucedido. Mientras más hablábamos, más sentía yo una creciente distancia entre nuestros corazones. Habría sido fácil hacer caso omiso a la incertidumbre que sentí en ese momento. Después de todo, yo tenía mucho trabajo que hacer, incluso escribir este libro. Seguramente superaríamos lo que estábamos sintiendo en ese instante y pronto la vida volvería a ser normal. Quizá. Pero forcé mis temores y traté de poner palabras a lo que estaba percibiendo, pensando y sintiendo.

Retrospectivamente, esta conversación fue nuestra primera «charla difícil». La euforia de nuestra boda y nuestra luna de miel quedó atrás y la vida como iba a ser estaba echando raíces. Y la mejor manera en que puedo describir mi experiencia en este momento es que nuestros corazones parecían estar en un lugar diferente del que habían estado pocos minutos antes.

Así hablamos. ¿Estaba Nancy agradecida por la oportunidad de descargar verbalmente sus sentimientos en ese instante? ¿Un lugar seguro para hablar con sinceridad? Sí, absolutamente.

Pero la puerta a nuestros corazones debía ser abierta. Ambos estábamos enfocados en nuestro trabajo. Parecíamos estar sentados en el mismo cuarto, concentrándonos en lo que debía hacerse. Nuestros cuerpos estaban en esa pequeña alcoba del piso superior, pero nuestras mentes absolutamente no estaban allí.

Hace años escuché en persona a Zig Ziglar, el gran orador motivacional cristiano. Dijo algo que hizo reír a la audiencia, pero cuando lo oí, no me reí. Y no he olvidado lo que dijo. Zig nos informó que aunque parecía que estábamos sentados allí escuchándolo, muchos de nosotros estábamos «en otra parte». Nos dijo que algunos trabajábamos en los horarios de las reuniones de mañana; otros teníamos una conversación silenciosa con alguien con quien nuestra relación era difícil. Zig declaró además, con su acento de Mississippi: «Algunos de ustedes están en casa preparando la cena. Parece que están aquí, pero no es así». Todos rieron. Sin embargo, desde luego que él tenía razón. Físicamente estábamos en presencia de Ziglar, pero nuestras mentes divagaban.

Esto describe a la perfección lo que estaba pasando entre Nancy y yo.

Carrera hacia la cruz

Cuando mi hija Julie era pequeña, le gustaba perderse. Este en realidad era un juego. Sucedía en los grandes almacenes en que había muchos lugares donde esconderse. Recuerdo que el problema aumentaba hasta convertirse en preocupación y luego en verdadero pánico. Yo preguntaba a gritos: «¿Dónde está Julie?». Pero para la niña esto solo era un juego, y su rostro feliz finalmente aparecía detrás de un mostrador o salía de entre ropa colgada. Al levantar ese cuerpecito, me sentía aliviado y luego molesto porque ella me hubiera hecho pasar una vez más por este drama.

ERES EL PASTOR DE TU ESPOSA. TIENES EL GOZO DE CUIDARLA, PERO OCASIONALMENTE FALLARÁS.

Al igual que el consciente pastor en la parábola de Jesús, tú tienes la comisión de buscar a tu esposa cuando sospeches que su corazón podría estar distraído o dirigido hacia algún lugar misterioso.

En realidad, nunca había pensado antes en esto; sin embargo, ¿te imaginas al pastor recuperando su oveja extraviada después de buscarla, y sintiendo luego la misma mezcla de alivio y enojo que yo sentí al encontrar a Julie en ese almacén? Podemos imaginar una «conversación» entre el pastor y el corderito:

Pastor: Estaba muy preocupado. Qué bueno encontrarte y abrazarte.

Oveja: Siento mucho haberme perdido. No quise asustarte. Gracias por amarme tanto que anduviste en medio de la oscuridad para buscarme.

Pastor: Por supuesto. Eres mi oveja. Debí haber sido más cuidadoso. Me distraje y no te puse atención. Por favor, perdóname.

Oveja: Te perdono. Y gracias por perdonarme.

Esta conversación entre el pastor y la oveja podría ser una ridícula especulación, pero captas la idea. Estos son tú y tu esposa. A tal conversación la llamamos «carrera hacia la cruz». El objetivo es ver quién puede ser el primero en llegar a la cruz de Cristo en busca de perdón y reconciliación.

Eres el pastor de tu esposa. Tienes el gozo de cuidarla, pero ocasionalmente fallarás. Eres el responsable de protegerla, pero de vez en cuando te distraerás. Estás comprometido a amarla, pero habrá ocasiones en que ella no se sentirá amada. Por eso debes admitir tu falla a pesar de las buenas intenciones. Recibirás perdón y seguirás adelante.

Tu esposa apreciará esto. Te lo aseguro.

SEIS

UN PASTOR LES HABLA A SUS OVEJAS

Mis ovejas oyen mi voz, y yo las conozco, y me siguen.

—JUAN 10:27

Imaginemos que estamos delante de una gran reunión de hombres cristianos. Es decir, una *enorme* reunión: miles de individuos. Y digamos que estos tienen un sólido conocimiento práctico de la Biblia. Son activos en la iglesia y participan en grupos pequeños de amigos que estudian juntos las Escrituras. Me dirijo a la audiencia con estas palabras: «Lo que voy a contarles es una de las historias más dramáticas de la Biblia». Entonces pido que cada uno me diga en un mensaje de texto de cuál historia cree que voy a hablar. Los resultados se cuentan y proyectan en pantalla gigante, con muchos de los votos por el sacrificio de Isaac por parte de Abraham, la separación del Mar Rojo, David y Goliat, y la muerte de Sansón.

Es casi seguro que ninguno de esos hombres votaría por la historia que voy a contarles.

Ningún plan

La rivalidad entre hermanos fue un problema crónico entre los patriarcas hebreos. Después de haber quitado con engaño la primogenitura a su hermano mayor Esaú, Jacob envenenó las relaciones entre sus propios doce hijos al designar oficialmente como su favorito al undécimo, José. El joven no mejoró las cosas al contar con poco tacto a sus hermanos mayores las visiones de que ellos se inclinarían delante de él para rendirle homenaje, y pronto los muchachos mayores conspiraron para matarlo. Sin embargo, la aparición fortuita de una caravana que se dirigía a Egipto les dio la oportunidad de vender a José como esclavo, una manera más rentable de deshacerse del fastidioso muchacho que el fratricidio, y que les aligeraría la conciencia. Pero Dios tenía otros planes para José, que finalmente todos descubrirían.

Veinte años más tarde, a causa de una sequía, la una vez pródiga tierra de Canaán, donde vivían Jacob y sus hijos, se había convertido en un desierto inútil que afligió con una hambruna a sus habitantes. Por otra parte, al haber almacenado providencialmente su grano según las instrucciones de José, Egipto sobrellevaba imperturbable los tiempos de escasez. «Viendo Jacob que en Egipto había alimentos, dijo a sus hijos: ¿Por qué os estáis mirando?» (Génesis 42:1). El anciano envió a Egipto a comprar trigo a sus vacilantes hijos (a todos menos al menor, Benjamín, «no sea que le acontezca algún desastre» [v. 4]).

EN UN ACTO DE MISERICORDIA Y PERDÓN, JOSÉ REÚNE A SUS HERMANOS. LOS ABRAZA, Y ELLOS HABLAN.

Las semanas siguientes estuvieron llenas del tipo de drama que encantaría a cualquier productor de Hollywood. Los hijos de Jacob llegaron ante el gobernador en busca de trigo, pero debido al idioma y al traje egipcio, no reconocieron a su hermano José. Pero él sí los reconoció. Con el anhelo de ver a su hermano menor, y manteniendo su identidad en secreto, José inventó un pretexto para inducirlos a que llevaran a Benjamín a Egipto. Cuando finalmente le presentaron al muchacho, vencido por la emoción, José hizo salir del salón a sus asistentes y reveló su identidad a sus estupefactos hermanos. ¿Te imaginas la mirada en sus pálidos rostros? Me refiero cuando el gobernador de Egipto, quien tenía en las manos sus vidas, simplemente declaró: «Yo soy José; ¿vive aún mi padre?»[1]

La escena que siguió es lo que me hace llamar a esta historia la más dramática de la Biblia. José les reveló todo lo que había sucedido desde que lo vendieran como esclavo, explicándoles cómo Dios en su providencia había usado el plan asesino de ellos «para preservaros posteridad sobre la tierra, y para daros vida por medio de gran liberación» (Génesis 45:7). Entonces José «se echó sobre el cuello de Benjamín su hermano, y lloró; y también Benjamín lloró sobre su cuello. Y besó a todos sus hermanos, y lloró sobre ellos; y después sus hermanos hablaron con él» (45:14-15).

En un acto de misericordia y perdón, José reúne a sus hermanos. Los abraza, y ellos hablan. Imagino las lágrimas de remordimiento de los hermanos mayores al confesar su traición tratando de deshacerse de su malcriado hermanito. En su conversación seguramente hubo historias de la tierra natal y de las vueltas y revueltas de vivir en una familia en crecimiento.

El puente mágico

Escribí mi primer libro en 1996. La idea me vino en un largo viaje en auto con Mike Hyatt y su esposa Gail. Los Hyatt tenían cinco hijas; Bobbie y yo teníamos dos. Así que, con siete niñas entre nosotros, Mike y yo analizamos la gran responsabilidad que teníamos al ser el «papito» para ellas. Algunos meses después empecé a trabajar en lo se convirtió en el libro *She Calls Me Daddy* [Ella me dice: Papá].

Al repasar lo que había aprendido, en parte del modo difícil, acerca de ser padre de hijas, identifiqué algunos principios importantes, un sólido puente para llevarnos con seguridad de un lado del río, a veces enfurecido, al otro. Uno de ellos es la conversación:

«Enseñar correctamente las habilidades de conversación es lo más importante que un papá debe hacer en el desarrollo de su hijita. La habilidad para que tu hija y tú intercambien palabras de modo eficaz, y los sentimientos que se desarrollan en este proceso, proporcionarán el puente entre ambas partes que perdurará por el resto de sus vidas».[2]

El puente de conversación entre tú y tu esposa no es menos importante que entre padre e hija. En realidad, es más importante. Lograr la conversación correcta entre tú y tu esposa será un gran entrenamiento para ti y tu hija (o hijo), y algún día para con tu nieta (o nieto).

Recuerda el momento en que tú y tu esposa empezaron a salir. Quizá se sentaron y hablaron durante horas. Nada más, solo hablaron. Había mucho de qué hablar. En estas conversaciones, cada uno se enteró de la historia y la familia del otro. Descubrieron lo que era importante para cada quien. Festejaron convicciones comunes e intereses mutuos.

La imagen del puente realmente funciona aquí, ¿no es verdad? Y dependiendo de las diferencias entre los antecedentes y las familias de origen, podría tratarse de un simple arco de madera sobre un riachuelo de huerto o de algo más como el puente Golden Gate.

A lo largo de los años, cuando he dictado clases sobre el arte de la conversación y la comunicación eficaz, he escrito en la pizarra tres números: 55, 38 y 7, y he preguntado a mis estudiantes qué creen que representan. La respuesta: cuando hablas con tu esposa, 55% de lo que realmente se comunica es la expresión de tu cara u otro lenguaje corporal, 38% es el tono de tu voz y solo 7% son las palabras que pronuncias.[3]

Si esto es verdad, ¿por qué incluso molestarse hablando de hablar? Porque en realidad poner las cosas en palabras es la manera más eficaz de expresar amor, confesar un incumplimiento o clarificar intenciones. Es más, el lenguaje corporal y la inflexión de voz por lo general se relacionan con palabras expresadas, por lo que poner atención especial a la comunicación verbal no es una pérdida de tiempo. Hablar acerca de lo que hablamos es importante.

De cualquier modo, decir las cosas correctas a tu esposa no es algo negociable.

La ternura gana

Al igual que el sol en la fábula de Esopo, tus palabras tiernas calientan el espíritu de tu esposa. Y ganan su corazón.

Sí, sé que la vida no consiste principalmente de caricias y susurros dulces sin parar. Hay horarios que coordinar, hijos que disciplinar, basura que sacar, comidas que preparar, tubos de agua que reparar (y pisos que trapear). Como anuncia audazmente la calcomanía de parachoques: «La vida pasa» (o algo similar).

Sin embargo, cuando sacas tiempo para hablar con ternura a tu esposa, ella se sentirá segura contigo. E incluso puede responderte con la misma clase de ternura. Cuando hace eso, experimentas el tipo de gozo que ella siente cuando le expresas ternura.

El poder de ser tiernos se ilustra hermosamente en una de mis películas favoritas: *Sommersby: El regreso de un extraño*, de 1993, que narra el caso del impostor francés del siglo XVI Martin Guerre, ambientada en el sur estadounidense durante la reconstrucción. Seis años después que Jack Sommersby dejara a su esposa Laurel para ir a pelear en la Guerra Civil, regresa un hombre que pretende ser Sommersby. A pesar de haber sido un esposo duro que maltrataba a su esposa antes de partir, ahora es amable y generoso. Todo parece indicar que este hombre es realmente Horace Townsend, quien compartió una celda en la prisión con el verdadero Sommersby, aprendiendo bastante de la vida de su compañero de celda, ahora muerto, a fin de engañar a quienes lo rodeaban.

PERO CUANDO SACAS TIEMPO PARA HABLAR CON TERNURA A TU ESPOSA, ELLA SE SENTIRÁ SEGURA CONTIGO.

Pero sabemos que este sujeto no logró engañar a Laurel, quien no obstante aceptó a Townsend como su esposo. Cuando finalmente el engaño de él lo obliga a someterse a juicio por asesinato como Jack Sommersby, a fin de salvarle la vida, Laurel admite que ha sabido desde el principio que no era su marido. Presionada por Townsend en cuanto a cómo sabía ella que él no era el hombre violento que Laurel había conocido, con lágrimas ella responde: «¡Porque nunca lo amé del modo en que te amo!».

Está claro que el verdadero Sommersby había sido cruel con su esposa, y había optado por obtener éxito, sacrificando la dulce intimidad. Por otra parte, Townsend se había ganado la ternura de ella. Hacer exigencias y decir vulgaridades no significará tener éxito con nuestras esposas. No somos vaqueros sino pastores. Buenos pastores.

Iré primero

Incluso las parejas más tranquilas enfrentan un reto a la hora de la comunicación oral. Cuando hay una brecha de alguna clase en tu matrimonio, cuando se está formando hielo en los bordes y alguien tiene que romperlo, ¿quién va primero? ¿Quién sale y se arriesga?

Permíteme sugerir que el temerario podrías ser tú. Así como el paso más importante en tu día puede ser poner tus pies descalzos sobre el piso frío al pie de tu cama, el obstáculo más grande para sanar la comunicación con tu esposa puede ser pronunciar esas primeras palabras: «Cariño, tomémonos un momento para hablar de esto».

HACER EXIGENCIAS Y DECIR VULGARIDADES NO SIGNIFICARÁ TENER ÉXITO CON NUESTRAS ESPOSAS. NO SOMOS VAQUEROS SINO PASTORES. BUENOS PASTORES.

Recuerda las veces en que necesitabas hablar algo con un amigo o un colega, o por ende con un enemigo. ¿Cuán a menudo te alegraste de haber tomado la iniciativa? ¿50% de las veces? ¿Más? En mi experiencia, es mucho más. En realidad, la respuesta es casi 100% de las veces.

Déjame agregar una sugerencia que puede parecer evidente mientras estás leyendo un libro. Trata a tu esposa como a tu mejor amigo. Pregúntate: «¿Cómo le hablaría a un amigo respecto a esto?».

La Biblia dice que regreses al modo en que fue cuando estaban conociéndose, cuando cortejabas a tu amor; te exhorta a que regreses a tu primer amor (Apocalipsis 2:4). Un buen pastor le expresa a su oveja palabras tiernas que hagan que recuerde las que le pronunciaba cuando se conocieron y su objetivo era ganarla.

Puedes volver a hacerlo.

A DIFERENCIA DEL DINERO EN TU CUENTA DE AHORROS Y DEL BUEN VINO, POR LO GENERAL LAS PALABRAS NO PRONUNCIADAS QUE DEBEN EXPRESARSE NO ENVEJECEN BIEN. NO FERMENTAN A LA PERFECCIÓN. SE ESTROPEAN LA MAYORÍA DE LAS OCASIONES.

Interés compuesto

A diferencia del dinero en tu cuenta de ahorros y del buen vino, por lo general las palabras no pronunciadas que deben expresarse no envejecen bien. No fermentan a la perfección. Se estropean la mayoría de las ocasiones.

Si eres como la mayoría de matrimonios, tú y tu esposa tienen enfoques distintos para mantener «cuentas de relación». Uno de los dos parece alegrarse en permitir que los desacuerdos sean el pan de cada día; el otro conduce hacia la resolución de conflictos como un zaguero acercándose a la zona final. Pero cualquiera que sea tu enfoque, basado en la experiencia te menciono que no es buena idea acostarse con conflictos no resueltos. Por la mañana, ambos habrán olvidado en gran medida el problema. Después de unas horas de sueño, la urgencia y los detalles importantes de la ruptura se habrán olvidado... por el momento.

Los problemas desatendidos crecen como el interés compuesto. Los problemas pequeños se convierten en medianos, y estos se vuelven grandes. Pronto tendrán problemas graves. Lo que se necesita es aire. Alivio. Y eso empieza con palabras. Palabras como:

«Lo siento mucho. Me equivoqué. ¿Me podrías perdonar, por favor?».

El poder de las palabras

«Mirad también las naves; aunque tan grandes, y llevadas de impetuosos vientos, son gobernadas con un muy pequeño timón por donde el que las gobierna quiere. Así también la lengua es un miembro pequeño, pero se jacta de grandes cosas» (Santiago 3:4-5).

La observación del apóstol Santiago acerca del poder del timón sobre los barcos que cruzaban el Mediterráneo en el siglo I es aún más impresionante cuando se aplica a los gigantescos buques oceánicos del mundo moderno. Un giro oportuno del timón del *Titanic* esa noche de abril de 1912 habría salvado mil quinientas vidas. Según la Palabra de Dios, este es el poder que manejan nuestras palabras.

Decimos que la Primera Enmienda garantiza nuestro derecho a la «libertad de expresión», pero a menudo se debe pagar un precio muy alto o una recompensa incalculable para sostener las palabras que pronunciamos: «¿Te casarías conmigo?». «Culpable, su Señoría». «Te dejo». «Te amo». Las palabras son poderosas y valiosas, y tú y tu esposa están conectados por ellas.

Sabiduría antigua acerca de las palabras

Pocos personajes en el Antiguo Testamento mostraron la habilidad que el rey Salomón tuvo con las palabras. Tal fue el aprecio de Salomón por el poder de las palabras que escribió: «Manzana de oro con figuras de plata es la palabra dicha como conviene» (Proverbios 25:11).

El puente de palabras que estamos construyendo con nuestras esposas no tiene precio. Nuestro objetivo es que cada palabra que usamos sea puesta a prueba con mucha sabiduría, humildad y cuidado. Palabras «dicha[s] como conviene».

SIETE

UN PASTOR SATISFACE A SUS OVEJAS

No puedo obtener satisfacción.

—MICK JAGGER, 1965

Hace años, un amigo a quien llamaré Kyle y yo acabábamos de disfrutar un almuerzo juntos. Lo había conocido por muchos años, y nuestra conversación era desenvuelta y fluida. Cuando conducíamos de regreso a su casa, vimos un camión marrón de reparto estacionado en su calle, y el conductor caminaba por la entrada de la casa de Kyle con un montón de paquetes en los brazos. Nunca olvidaré el sonido que Kyle hizo ante esto: una extraña mezcla de gruñido y silbido airado.

—¿Qué pasa? —pregunté mientras estacionaba el auto.

—Aborrezco la empresa de envíos de paquetes —contestó.

—¿Qué hay de malo en ella? —cuestioné, asombrado de que un servicio de entregas pudiera provocar tan fuertes sentimientos.

Durante los minutos siguientes, Kyle abrió su corazón, expresando un dolor que venía de alguna parte en lo profundo de su interior. Confesó que el problema es que su esposa «gasta de manera descontrolada».

«Antes, ella salía de compras. Y al menos yo tenía una idea de que estaba comprando cosas. Pero ahora, con la facilidad de la Internet, mi esposa gasta dinero como si lo tuviéramos. Está descontrolada —repitió Kyle y me volví ligeramente hacia él para verle el rostro, pero me quedé callado—. El verdadero problema es que tengo miedo de cuestionarla».

«¿Es posible que tu esposa no esté satisfecha debido a que ve en ti un anhelo insatisfecho?».

El hombre hizo una pausa para tratar de calmar la profunda emoción que le recorría el rostro.

«He tratado de confrontarla respecto a su manera de gastar, pero su ira me asusta. Es un campo minado. Si sigo adelante, volaré en pedazos. O sucederá algo peor».

Se hizo silencio durante uno o dos minutos. Busqué algo para decir que fuera útil. Entonces la primera línea de Salmos 23 en la *Nueva Traducción Viviente* me vino a la mente: «El Señor es mi pastor; tengo todo lo que necesito». De repente apareció la respuesta al dilema de Kyle. Pero antes de abrir la boca para ofrecer algún consejo a mi amigo, me di cuenta de que el consejo que estaba listo a ofrecer también era para mí.

«¿Es posible que tu esposa no esté satisfecha debido a que ve en ti un anhelo insatisfecho?», dije y debido a que sentí que el Señor no iba a dejarme predicar un sermón que no estaba viviendo, añadí: «Me pregunto si mi esposa ve en mí la misma falta de contentamiento».

Dónde podrían llevarnos nuestros anhelos insatisfechos

La parábola de Jesús acerca de la oveja perdida no es una historia de reto abierto. A diferencia del hijo pródigo, esa oveja no sacudió su pequeña pezuña en el rostro barbudo del pastor ni exigió su libertad antes de partir. No, sencillamente se aburrió de mordisquear el mismo montón de hierba. Lo mismo de siempre, lo mismo de siempre. Entonces levantó la mirada y vio lo que parecía un montón más sabroso... justo allí, no *tan* lejos. Así que mordisqueó este nuevo montón hasta que se aburrió de nuevo. Cuando llegó la oscuridad, el pequeño sujeto estaba perdido.

Lo que empezó como una conversación entre Kyle y yo acerca del camión de reparto de envíos se convirtió en un intercambio de confesiones acerca de cómo nuestras esposas estaban siguiendo nuestro ejemplo de preocupación e insatisfacción. Admitimos que el espíritu inquieto y emprendedor que nos había llevado a iniciar nuestras propias empresas se había infiltrado en nuestros corazones. Bueno para los negocios. Malo para nuestras almas. Y malo para nuestros matrimonios.

¿Cómo se estaba mostrando esto? Para empezar, probablemente en nuestras palabras.

Conduzco un buen auto. Manejar un buen auto era importante para mi papá, así que tal vez de él heredé la preocupación. Pero debido a que la necesidad de comprar y competir está incrustada en todos mis cromosomas masculinos, siempre detecto un auto más bonito que el mío en el camino. Incluso ver una película con mi esposa saca a relucir esto. La otra noche frente a nuestra pantalla gigante me oí diciendo: «Ese es un Ferrari. Es un convertible y es rojo». Mi esposa no respondió. Ella sabe que me doy cuenta, y eso está bien. Ninguna respuesta es necesaria.

El otro día conocí a Greg, el dueño del gimnasio donde Nancy hace ejercicios. Ya que Greg hace esto para ganarse la vida, está en mejor forma que yo, mucho mejor. No pude dejar de fijarme y se lo mencioné a mi esposa.

Por tanto, es posible que mi esposa haya escuchado mis palabras y pensado: *Ya que es evidente que Robert no tiene todo lo que necesita, parece obvio que no esté consciente de que el Señor es su pastor. Si mi esposo está insatisfecho con su auto o su cuerpo, entonces debe estar bien para mí ser así.*

¿Ves cómo funciona esto?

Aunque trato de ser un hombre feliz, que toma con calma los retos y las victorias de la vida, la verdad sea dicha: soy muy inquieto e insatisfecho. Quiero vivir como si tuviera todo lo que necesito, pero en el fondo hay anhelos no realizados que me mantienen insatisfecho. Cansado de mordisquear el mismo montón de hierba, a menudo exploro los pastos circundantes en busca de montones más verdes.

No tienes que poseer para disfrutar

Si me lo permites, me gustaría treparme a mi pequeño pedestal. Solo me tomará unos cuantos minutos, lo prometo. Pero podría ser útil.

Si no tienes un amigo como Tony Allen, deberías tenerlo. Tony vive en Orlando. Durante muchos años, él y yo hemos sido parte de un grupo especial de hombres llamado «DreamBuilders».[1] Cada año Tony realiza un festival de autos exóticos en Celebration, Florida. Hace algunos años llevé a mi yerno (más maniático de los autos que yo) y a sus dos hijos adolescentes a esta extraordinaria exhibición de acero, vidrio, cromo, poder y belleza pura de cuatro llantas.

Nuestro día estuvo lleno de expresiones de sorpresa. Vimos un auto de producción que se vende en más de un millón de dólares, y el verdadero DeLorean de *Regreso al futuro*. Vimos autos antiguos y modelos nuevos. Mi favorito fue un Bentley Continental GT convertible. Incluso le pregunté al propietario, quien estaba cuidándolo, si podía sentarme dentro. Me dijo que sí, y suavemente abrí la puerta y me instalé detrás del volante. Respiré profundo mientras apreciaba el cuero y escudriñaba el tablero. ¡Qué día!

Esa noche, antes de dormir, reviví la experiencia. Sonreí al recordar feliz lo divertido de estar con mi familia en un hermoso día primaveral y admirar la belleza de esos autos... el brillo, los colores, los aromas. Me quedé dormido con una profunda sensación de satisfacción.

¿Te sorprende eso? Un amante de los autos en medio de cientos de los vehículos más extraordinarios que se han fabricado podría sentirse emocionado o deslumbrado, ¿pero *satisfecho*? ¡Pues sí! Justo antes que mi yerno, mis nietos y yo entráramos a la exhibición estuvimos de acuerdo en que no necesitábamos *poseer* ninguno de esos autos exóticos para *disfrutarlos*. Y lo hicimos.

Para que un pastor satisfaga las necesidades de su esposa, su propio corazón debe estar satisfecho. Y el secreto de lograr esa satisfacción es este: «Puesto que el Señor es mi Pastor, tengo todo lo que necesito». Una vez que hemos aceptado el amor de nuestro Buen Pastor por nosotros, y que hemos recibido el llamado a ser sus propias ovejas, no hay nada (ni siquiera un Bentley Continental GT) que no tengamos y que necesitemos de veras. Tú y yo tenemos todo lo que necesitamos. Podemos estar satisfechos.

Él lo dejó todo

Zig Ziglar solía contar la historia de H. L. Hunt, el magnate petrolero de Texas que era uno de los pocos multimillonarios del mundo cuando falleció en 1974. Zig decía con voz aguda: «La gente se ha preguntado cuánta riqueza dejó el viejo Papá Hunt cuando murió. Les diré cuánto dejó». Entonces exhibía esa asombrosa sonrisa de Ciudad Yazoo, y continuaba: «Les diré *con exactitud y precisión* cuánto dinero dejó el viejo Papá Hunt. *Lo dejó todo*».

En mayo de 1988, a la edad de noventa y nueve años, murió mi abuelo materno, Monroe Sharpe Dourte, dejando ocho hijos, treinta y cinco nietos y todo un batallón de bisnietos y tataranietos. Uno de sus cuatro hijos, todos ministros ordenados o licenciados, describió así el «testamento y la última voluntad» del abuelo Dourte en el funeral: «Yo, Monroe Dourte, dejo toda mi riqueza a mi familia. Y no hay necesidad de dividir nada de ella. Se la doy en su totalidad a cada uno de ustedes». Ninguno de los que estuvimos allí había oído algo así. Escuchamos atentamente: «Les dejo todo mi amor por Cristo y su amor por mí. Él es un Buen Pastor y me ha dado todo lo que alguna vez anhelé. Todo lo que he necesitado.

Y ustedes, mi familia, pueden tener esto. Todos. En su totalidad. No será necesario dividir mi patrimonio».

LO QUE TU ESPOSA NECESITA ES UN MARIDO QUE SEPA QUE ES UNA OVEJA Y QUE TIENE UN BUEN PASTOR.

Monroe Dourte sabía qué era vivir con poco. Cuando mi madre era pequeña, ella y cada uno de sus siete hermanos recibía en Navidad una bolsita de caramelos. Si había sido un año especialmente bueno en la granja, también podía haber una naranja de Florida en la bolsa. Pero debido a que se había hecho para sí «tesoros en el cielo», Monroe murió como un hombre perdonado. Un hombre satisfecho. Un hombre cabal. Un pastor fiel. Murió como un hombre sumamente rico.

Cosas

¿Experimentas una extraña contorsión en el estómago cuando se acerca Navidad, el cumpleaños de tu esposa o tu aniversario de bodas? Yo también. Así tengas décadas de desposado o seas recién casado, conoces esa sensación. Si me permites, me gustaría decirte exactamente lo que tu esposa busca la próxima vez que llegue uno de estos días especiales. No se trata de cosas, algo que pueda comprarse en línea, ni puede entregarlo un camión de distribución de paquetes.

Lo que tu esposa necesita es un marido que sepa que es una oveja y que tiene un Buen Pastor. Ella quiere un hombre que tenga todo lo que necesita, un hombre que puede ser dirigido, que sea emprendedor y visionario cuando de negocios se trata, pero que su corazón escuche la voz de Jesucristo, un hombre satisfecho que siga de modo obediente al Señor. Ella anhela un marido que se someta a su propio y tierno Pastor celestial. Esto es lo que la esposa quiere; desea tener esta misma clase de pastor terrenal.

Ella puede tener este problema peor que tú

Cualesquiera que sean las tentaciones a la insatisfacción que experimentes, tu esposa podría tenerlas peores. ¿Tengo alguna evidencia para afirmar eso? Sí, la tengo. Las generalizaciones acerca de «todas las mujeres» o incluso de «la mayoría de mujeres» pueden ser sumamente peligrosas, por supuesto, pero aquí va.

En Génesis 3 tenemos un relato asombroso, una narración verdadera de la primera esposa en la historia. Recuerdas que Dios le había dicho a Adán que podía manejar el huerto de Edén. No había nada allí que no fuera para su disfrute; nada, menos el fruto de cierto árbol. Las instrucciones de Dios para Adán fueron precisas:

«Tomó, pues, Jehová Dios al hombre, y lo puso en el huerto de Edén, para que lo labrara y lo guardase. Y mandó Jehová Dios al hombre, diciendo: De todo árbol del huerto podrás comer; mas del árbol de la ciencia del bien y del mal no comerás; porque el día que de él comieres, ciertamente morirás» (Génesis 2:15-17).

Adán no pidió una explicación o una segunda opinión. Había recibido de su Creador instrucciones específicas, una advertencia. Eso debió haber sido suficiente.

El párrafo siguiente nos dice cómo Dios creó a la esposa de Adán (2:18-25). El capítulo 3 presenta a la serpiente, «astuta, más que todos los animales del campo que Jehová Dios había hecho», y continúa con este giro notable: «[La serpiente] dijo a la mujer: ¿Conque Dios os ha dicho: No comáis de todo árbol del huerto?» (3:1).

Por lo que sigue, está claro (a) que Eva sabía que tanto a Adán como a ella Dios les había prohibido comer del fruto del árbol del conocimiento del bien y del mal, y (b) que Adán, quien estaba pasivamente allí,[2] no interrumpió esta conversación peligrosa entre su esposa y la serpiente. ¿Qué debemos hacer en cuanto a la forma en que se desarrolló el intercambio? ¿Cómo podrían haber resultado las cosas de modo diferente?

Háblale a tu esposa respecto a tus tentaciones

Durante los veranos de mi educación universitaria tuve el gozo exclusivo de trabajar para un contratista de construcción. Richard

Whitmer era el padre de uno de mis amigos más cercanos, y yo era su único empleado a tiempo completo. Decir que este hombre era experto en todos los oficios solo empezaría a describir lo extraordinario que era. También me agradaba en gran manera su carácter y su amor por Jesús, cualidades especiales en el mundo rudo y violento de hombres trabajadores.

CUANDO HABLAS CON TU ESPOSA ACERCA DE ALGO QUE ENFRENTAS, POR LO GENERAL EXPERIMENTARÁS UNA SENSACIÓN DE ALIVIO.

Un día, Richard me mostró un martillo neumático y un compresor, y así comencé a hacer uno de los trabajos más duros que alguna vez realicé. Prendimos el motor del compresor, agarré el pesadísimo martillo neumático y empecé a romper una enorme losa de concreto.

Después de un rato observé que una vez que el motor del compresor había llenado el tanque con bastante aire comprimido, cambiaba a lo que parecía un engranaje neutro. Al mismo tiempo se oía un fuerte silbido que salía de una valvulita montada a un lado del tanque. Estaba liberando aire. Al final del día, cuando Richard llevaba a casa este agotado y adolorido chico universitario, le pregunté por el silbido. Me explicó que cuando el tanque se llena a toda su capacidad con aire comprimido, le informa al motor que tome un descanso. Entonces pregunté: «¿Qué pasaría si la válvula de presión no le hace saber al motor lo que está pasando dentro?». Richard me ofreció una sonrisa silenciosa que me transmitió algo acerca de «hacerse añicos».

ADÁN TUVO LA OPORTUNIDAD DE DAR UN PASO ADELANTE, ENTRAR Y HABLAR. NO LO HIZO.

Como esposo, cuando enfrento algún tipo de tentación, tengo dos alternativas. Puedo hablarle a mi esposa al respecto y liberar la presión que se está produciendo en mi corazón. O puedo mantener dentro la presión y arriesgarme a una explosión. Cuando hablas con tu esposa acerca de algo que enfrentas, por lo general experimentarás una sensación de alivio. Tal vez no oigas el silbido, pero tu espíritu se levantará.

No eres el único que se beneficiará. Cuando le hablas a tu esposa de una tentación que estás enfrentando, ella debe saber que tiene un pastor, un lugar seguro al cual llevar sus preocupaciones cuando esté enfrentando el mismo tipo de peligro. La Biblia nos advierte que la tentación es «común al género humano» (1 Corintios 10:13, NVI). Tú y yo enfrentamos tentaciones que son peculiares a los hombres, pero la mayoría de las tentaciones no discrimina con base en el sexo.

Un paso adelante. Entra. Atrévete a hablar.

Cuando Nancy y yo estábamos planeando nuestra boda, vino una idea a mi mente. Y para ser perfectamente sincero, Adán fue la inspiración.

El hermano de Nancy y amigo mío, Mark DeMoss, iba a acompañarla por el pasillo hasta donde el novio esperaba. Sugerí: «¿Por qué no te detienes cuando tú y Mark lleguen a la mitad del pasillo? Entonces vendré a buscarte y te acompañaré el resto del camino hasta el frente de la iglesia». Nancy lo captó enseguida y le gustó mucho la idea.

Ya mencioné que Génesis 3:6 indica que Adán probablemente se hallaba presente cuando la serpiente se acercó a Eva, pero que no habló cuando ella fue tentada. Mientras Eva se tambaleaba al borde del desastre, su pastor estaba allí pero no hizo nada. No sabemos si fue tan engañado por la serpiente como Eva, o si simplemente no estuvo dispuesto a disgustar a su esposa. En realidad, no importa. Adán tuvo la oportunidad de dar un paso adelante, entrar y hablar. No lo hizo.

Todo lo que ella necesita

Al revisar la primera frase de Salmos 23, tu esposa tiene un Buen Pastor, quien ha prometido su presencia, su protección y su cuidado. Lo que tu esposa también necesita es un pastor terrenal que sea transparente en cuanto a sus propias luchas, dándole a ella una ventana al corazón de él, un pastor que entre, expresando claramente y sin miedo sus preocupaciones y advertencias.

Este «todo» no viene en un camión de entrega. No puede encontrarse en la Internet. No se exhibe en la vitrina de una tienda por departamentos. El «todo» llega a tu esposa por medio de su esposo. Eso es lo que ella necesita.

OCHO

UN PASTOR GUÍA A SUS OVEJAS

En lugares de delicados pastos me hará descansar; junto a aguas de reposo me pastoreará. Confortará mi alma; me guiará por sendas de justicia por amor de su nombre.

—SALMOS 23:2-3

El liderazgo puede ser un concepto inestable. Como hemos visto, el vaquero agresivo es un modelo, pero no es muy eficaz con las ovejas, las cuales anhelan ser guiadas. ¿Cómo debemos guiar nuestros matrimonios, teniendo en cuenta nuestros dones, nuestras habilidades y nuestra experiencia? No todo hombre es un líder nato, pero todo esposo está llamado a «dirigir»:

> El marido es cabeza de la mujer, así como Cristo es cabeza de la iglesia, la cual es su cuerpo, y él es su Salvador. Así

> que, como la iglesia está sujeta a Cristo, así también las casadas lo estén a sus maridos en todo (Efesios 5:23-24).

De estas palabras de Pablo y los versículos que he citado de Salmos 23, parece que nuestro llamado como pastores implica *quiénes* somos y *qué* se supone que debemos hacer. Somos la cabeza y se supone que aprendamos a liderar.

NO TODO HOMBRE ES UN LÍDER NATO, PERO TODO ESPOSO ESTÁ LLAMADO A «DIRIGIR».

Si es un consuelo, y espero que lo sea, la Biblia nos ofrece una misión clara: ser como Jesús. Incluso para individuos como tú y yo, que nos pudieron haber enviado al grupo de lectura lenta en cuarto grado, es imposible que nos perdamos esto. El Señor me *hace* descansar, me *pastorea*, *restaura* mi alma, me *guía* por sendas de justicia. E incluso tal «como *Cristo* es cabeza de la iglesia».

Mira Rock City

¿Lees calcomanías de parachoques? Por supuesto que lo haces. Yo lo hago. Hay quienes afirman que las calcomanías de parachoques se originaron en la famosa atracción Rock City en Lookout Mountain, Georgia, donde al regresar a sus autos los visitantes encuentran una calcomanía «Mira Rock City» pegada en el parachoques trasero... sin su permiso.

Si fuera a crear una calcomanía de parachoques, la cual nunca pegaría a tu auto sin tu permiso, ayudaría a los esposos a pensar en una manera nueva respecto a su liderazgo y dirección:

¿Qué tal que tu esposa estuviera casada con Jesucristo?

Alguien difícil de superar

Durante muchos de los años que precedieron a mi compromiso con Nancy Leigh DeMoss, ella llevó un precioso anillo en el tercer dedo de su mano izquierda, el dedo en que la gente usa aros de boda. La primera vez que vi el anillo, le pregunté al respecto. Ella explicó que lo había usado durante años como un recordatorio de que aunque nunca se hubiera casado, pertenecía a Cristo.

Temprano en su vida, Nancy sintió el llamado a ministrar como mujer soltera. Aunque defensora incondicional del matrimonio, y animadora y consejera de muchas mujeres casadas, Nancy nunca se vio como esposa. Pero como parte de la Novia de Cristo, estaba dedicada a amarlo y servirle de todo corazón.

Varios meses después de comenzar a salir, estábamos cenando con unos amigos cercanos míos, una pareja que había conocido y amado a mi difunta esposa Bobbie. Después de una conversación larga y agradable, el esposo de mi amiga se puso a hablar de lo especial que era Bobbie. De repente, se volvió y, mirando a Nancy directamente a los ojos, declaró: «Bobbie es difícil de superar».

El corazón me dio un vuelco y pude sentir que palidecía. Este fue uno de los momentos más embarazosos de mi vida adulta. Es verdad, Bobbie era especial. Habíamos estado casados casi cuarenta y cinco años y tuvimos una relación maravillosa. Juntos criamos dos hijas fabulosas. Nancy y Bobbie habían sido amigas. Pero este comentario pareció tan inapropiado que un juez habría tenido que tomar un taxi para tomar la decisión. Nancy no dijo nada. Yo tampoco. Pero durante el resto de la velada, el comentario del hombre se salió con la suya, rechinándome en el estómago.

¿QUÉ TAL QUE TU ESPOSA ESTUVIERA CASADA CON JESUCRISTO?

En el camino a casa traté de expresar a Nancy lo terrible que me sentí por el insensible comentario de mi amigo. Nancy contestó compasivamente que entendía lo difícil que debía ser para amigos de mucho tiempo de Bobbie amoldarse a que yo tuviera otra mujer en mi vida.

Al día siguiente hablé por teléfono con mi hija Julie, quien siempre ha sido muy despierta. (Tal vez tenía ocho años cuando me preguntó si había otra palabra para «tesauro» y por qué la crema tenía fecha de vencimiento). Cuando le conté acerca del comentario «tienes alguien difícil de superar», ella contestó: «Papá, recuerda que Nancy ha estado casada con Jesús. ¡Y *Él es* alguien difícil de superar!». Reí de lo lindo al comprender el reto que mi hija acababa de lanzarme.

El apóstol Pablo, quien instruyó a los esposos cristianos en Éfeso acerca de liderar y actuar como Jesús, también escribió: «Cada uno debe velar no solo por sus propios intereses, sino también por los intereses de los demás. La actitud de ustedes debe ser como la de Cristo Jesús» (Filipenses 2:4-5, NVI).

> **POR ÚTILES QUE NUESTROS APARATOS SEAN PARA SOLICITAR INFORMACIÓN Y ESTAR EN CONTACTO CON LAS PERSONAS, PUEDEN INTERRUMPIR SERIAMENTE NUESTRO DESCANSO.**

¿Lo ves? Pablo está de acuerdo con nuestra calcomanía de parachoques. ¿Qué tal que tu esposa estuviera casada con Jesucristo? ¿Cómo sería la dirección de Él? ¿Qué efecto podría tener su liderazgo, su amor y su gracia en el espíritu, las respuestas y las reacciones de ella? ¿Tiene *tu* liderazgo el mismo efecto?

Todas son buenas preguntas.

Él me hace descansar en delicados pastos

¿Ves la fortaleza de la dirección del Buen Pastor? ¿Por qué nos *hace* descansar en delicados pastos (Salmos 23:2)? ¿Por qué sencillamente no nos invita? ¿O nos anima? ¿No parece esto un poco fuerte para un pastor?

Ansío responder estas preguntas porque tú y yo sabemos que la verdadera habilidad del liderazgo es conocer a tus protegidos incluso mejor de lo que ellos mismos se conocen. Jesús, el Buen Pastor, nos mira a ti y a mí y emite una instrucción de una sola palabra: «Descansa».

Jesús no nos dice: «Siéntate», como le decimos a nuestro perro cuando es hora de darle una sorpresa. En nuestro caso, sentarnos no va a ser suficiente. Necesitamos algo más. Algo más importante. Necesitamos descanso, y nuestro Pastor lo sabe.

Descanso puede significar una noche de sueño mejor de la que sueles tener. Puede requerir sacar tiempo de tu rutina para leer tu Biblia y escribir tus pensamientos en un diario. Descanso puede significar llevar a tu esposa a dar una larga caminata o encontrar un lugar especial donde los dos puedan hablar, sin prisa y sin interrupciones. Sea cual sea la forma que tu «descanso» tome, estoy muy seguro de que requerirá que no lleves nada electrónico contigo. Por útiles que nuestros aparatos sean para solicitar información y estar en contacto con las personas, pueden interrumpir seriamente nuestro descanso.

Papá lo sabe todo

La antigua comedia familiar *Papá lo sabe todo* es un símbolo de todos los cambios que la revolución sexual ha ocasionado, un sinónimo para «obsoleto». Pero el título (ahora tan inapropiado que nos hace sonreír) resume la verdad eterna de que a un padre se le puede confiar que pastoree fielmente a su esposa y su familia porque «lo sabe todo». Lo mismo se aplica a nuestro Pastor. Debido a que nuestro Padre celestial nos ama, hace que hagamos lo que sabe que es mejor. En este caso, hace que nos detengamos, nos acostemos y descansemos.

En 1981 acababa de recibir un ascenso en mi primer empleo de publicación de libros. Mi jefe me dijo que apreciaba mi trabajo y creyó que podía asumir mayores responsabilidades. Esto me motivó a trabajar más duro que antes. Confieso que, para ser un papá joven, yo pasaba demasiado tiempo en la oficina. Físicamente estaba allí siempre que podía, y mentalmente estaba allí el resto del tiempo. Tal vez tú hayas hecho esto.

Mis hijas, de diez y siete años, estaban en una edad en que tomaban decisiones y establecían patrones que tendrían efecto de por vida. Nunca habían necesitado a su padre más de lo que lo necesitaron entonces. Mi esposa hacía todo lo posible por ayudarme. De vez en cuando llevaba a las niñas a la oficina con una cesta de comida, y cenábamos en el suelo con un mantel de cuadros rojos extendido sobre la alfombra frente a mi escritorio.

Presioné y presioné, pasando toda la noche al menos una vez al mes sentado en mi escritorio, el día que se distribuían los informes financieros. Mi cuerpo también comenzó a enviar informes. Mi apetito disminuyó. Intenté mantener mi régimen de entrenamiento, pero descubrí que también me hallaba demasiado agotado. Cuando competí en una carrera de cinco kilómetros, me desplomé en la meta. Me hallaba sobrecargado.

Tenía programado un viaje a Hawái, no por vacaciones sino por negocios. Sospechando que algo estaba mal, visité al médico solo unas horas antes de mi vuelo a Honolulu. La enfermera me sacó un poco de sangre y prometió un informe «en uno o dos días».

Al día siguiente de mi llegada a Hawái, en medio de almuerzos y entrevistas con los medios, me pasaron una nota: «Llama a tu oficina».

«Le he hecho una reservación para el próximo vuelo» —me informó mi secretaria cuando logré comunicarme—. «Hay un problema grave».

Pensé en mi esposa y mis dos hijas pequeñas, e inmediatamente me llené de terror.

—¿Qué pasó? —exigí saber—. ¿Está bien mi familia?

—Sí —contestó ella—. Pero usted no. Tiene hepatitis.

Mi secretaria hizo una pausa.

—Le conseguí el próximo vuelo a casa —repitió entonces y añadió—. Si se lo cuenta a la gente allá, lo pueden poner en cuarentena y no podrá viajar. No le diga nada de esto a nadie.

PRESIONÉ Y PRESIONÉ, PASANDO TODA LA NOCHE AL MENOS UNA VEZ AL MES SENTADO EN MI ESCRITORIO EL DÍA QUE SE DISTRIBUÍAN LOS INFORMES FINANCIEROS.

Aliviado de que el problema fuera conmigo y no con mi esposa o mis hijas, y agradecido por tener un diagnóstico, tomé mi vuelo a casa. Pronto estaba sentado en la mesa de exámenes cubierta con papel arrugado, en la oficina de mi médico, con las piernas desnudas colgando en el aire. Él no estaba contento con que yo hubiera viajado sintiéndome tan enfermo, y repitió lo que mi secretaría había dicho.

«Es bueno que no le dijeras a nadie que tienes hepatitis».

Entonces sacó un bolígrafo del bolsillo, escribió una receta y me la pasó. Me sorprendió ver una sola palabra: «Descanso». A pesar de su caligrafía de médico, logré leerla con claridad.

COMO UN BUEN PASTOR, COMO *EL* BUEN PASTOR, MI MÉDICO ESTABA *HACIENDO* QUE ME ACOSTARA.

Lo miré, pensando que se trataba de alguna especie de broma.

—¿Descanso? —pregunté.

—Sí —contestó—. A pesar del hecho de que esta es una condición peligrosa, no hay nada que pueda darle. No hay medicación. No hay pastillas. Lo único que puedes hacer para ponerte bien es... nada.

Argumenté, tratando de explicar que estaba demasiado ocupado para detenerme. Tenía que preparar una conferencia de ventas y otro gran libro estaba a punto de publicarse. Mi médico no estaba escuchando.

Como un buen pastor, como *el* Buen Pastor, mi médico estaba *haciendo* que me acostara. Esta era la voz que yo necesitaba oír. Y la directriz del médico, aunque sencilla, era la receta correcta.

Así nos ha dicho, así nos ha ordenado, nuestro Buen Pastor: Acuéstense. Deténganse. Descansen.

Ya que tú y yo estamos en la escuela del Pastor, aprendiendo del ejemplo de nuestro Buen Pastor, me pregunto si este mensaje también es para nuestras esposas. Sí, creo que lo es. Y el Señor está pidiéndonos que sigamos su ejemplo y pidamos a nuestras esposas que descansen.

La alegría de servir

Es probable que si le hablaras a tu esposa acerca de la advertencia de su Buen Pastor de «descansar en delicados pastos», ella respondería tal como yo lo hice cuando mi médico me dio la receta de descansar. Si tus hijos están en casa, este podría ser el momento más atareado y extenuante de la vida de ella. Como escribiera un poeta desconocido (casi con seguridad una mujer): «El hombre puede trabajar de sol a sol, pero el trabajo de una mujer nunca se acaba».

Ella tal vez no sea una malabarista profesional, pero con todo lo que tiene que hacer está calificada. Como pastor de tu esposa, es tu responsabilidad, y gozo, «hacerla» descansar. Y lo cómico de esto viene cuando ella te lanza esa mirada de «¿Cómo voy a hacer esto?», aquella que no requiere subtítulo, y tú simplemente contestas: «¿Hay algo que pueda hacer por ti?».

Los últimos dos años y medio de mi matrimonio de casi cuarenta y cinco años con Bobbie fueron nuestros mejores dos años y medio. Así lo creyó ella. Así lo creí también. Y nuestras hijas estarían de acuerdo. Al recibir seis administraciones múltiples de quimioterapia, Bobbie necesitaba mucho descanso. Y a pesar de que pasaba casi todo su tiempo activa y sin dolor, tuve la alegría de servirle de una manera que nunca antes lo había hecho.

No es que yo hubiera estado estacionado en el sofá con una bebida fría en la mano durante cuatro décadas, pero digamos que no *siempre* había seguido la exhortación de mi padre, repetida constantemente durante toda mi infancia: «Busca algo que hacer». Aunque Bobbie siempre había sido agradecida por las cosas que yo hacía en casa, no fue sino hasta el 2012, cuando su médico nos dijo que enfrentábamos un cáncer de ovario en fase cuatro, que realmente comencé a «buscar algo que hacer».

COMO PASTOR DE TU ESPOSA, ES TU RESPONSABILIDAD, Y GOZO, «HACERLA» DESCANSAR.

Aquí viene lo bueno: Nunca fui más feliz en mi matrimonio que en los últimos dos años y medio de la vida de Bobbie. Preparar cada mañana la avena como a ella le gustaba, lavar y doblar la ropa, y llevarla a sus tratamientos, me producía gran alegría. Y por favor, no me des ningún mérito por esto. Las palabras de Jesús «Más bienaventurado es dar que recibir» (Hechos 20:35) reflejan una simple verdad acerca de la naturaleza humana: somos más felices cuando servimos.

El pago de la cuenta

Si alguna vez has sorprendido a tus amigos pagando sigilosamente tu cuenta en un restaurante antes que tengan la oportunidad de discutir contigo al respecto, conoces el deleite de la generosidad. Nuestro Buen Pastor nos ha «ordenado» descansar. Él sabe lo que es mejor. Y a ti y a mí se nos ha dado el gozo de «hacer» descansar a nuestras esposas, haciendo todo lo posible porque eso suceda, pues sabemos que lo necesita.

Uno de mis personajes favoritos en la Biblia es Josué, quien dirigió a los israelitas hasta la tierra prometida después de cuarenta años de vagar en el desierto. Suponía que el motivo principal para que estuvieran tan emocionados por entrar en Canaán era la descripción de Dios de que se trataba de una «tierra que fluye leche y miel». Es verdad que la promesa del Señor incluía prosperidad material, pero había más.

En la última alocución al pueblo escogido de Dios antes de entrar a la tierra prometida, Josué manifestó: «Acordaos de la palabra que Moisés, siervo de Jehová, os mandó diciendo: Jehová vuestro Dios os ha dado reposo, y os ha dado esta tierra» (Josué 1:13). Después de siglos de esclavitud, viajes, trastornos, caos y sufrimiento, Dios estaba dando a su pueblo un hogar para que pudiera descansar.

Mi amigo, el pastor Trent Griffith, señala que Josué pasó a explicar quién iba a beneficiarse de este descanso: «Vuestras mujeres, vuestros niños y vuestros ganados quedarán en la tierra que Moisés os ha dado a este lado del Jordán» (Josué 1:14). El Señor entregó la tierra prometida a los israelitas para que pudieran proveer descanso y seguridad a sus esposas, a sus familias e incluso a sus animales.

Somos responsables de llevar a nuestras esposas a un lugar en que puedan descansar, así como nuestro Pastor nos lleva al mismo lugar. Somos llamados a esa responsabilidad en virtud de nuestro matrimonio, por lo que no necesitamos pedir permiso para hacerlo. Tú eres el hombre. Yo también lo soy.

Otra vez el tema de la dirección

Antes de seguir adelante, quiero asegurarme de que la responsabilidad de la «dirección» esté clara. No hace falta decir que a este concepto se le desprecia abiertamente en nuestra cultura. ¿Por qué? Porque cuando las personas no están informadas acerca de las advertencias de la Palabra de Dios, los estereotipos que tienen sobre el liderazgo o la dirección del hombre les lleva a un lugar que Dios nunca quiso. En realidad, tenemos que agradecer por esto a Archie Bunker.

Archie era una caricatura, un idiota irreflexivo, un chauvinista bocón, un complemento hábilmente diseñado para el creciente movimiento feminista en la década de los setenta. Estados Unidos reía mientras un Archie orondo y grosero sentado en su silla insultaba a su yerno, menospreciaba a su esposa y por lo general bramaba intolerancia. El ataque de *Todo en familia* según el concepto bíblico del liderazgo masculino estaba envuelto en humor de telecomedia. Ningún hombre decente adoptaría a Archie como su modelo a seguir, pero este individuo representaba la masculinidad «tradicional». Los espectadores se reían del ridículo patriarca, la cabeza del hogar y el blanco de las bromas.

SOMOS RESPONSABLES DE LLEVAR A NUESTRAS ESPOSAS A UN LUGAR EN QUE PUEDAN DESCANSAR.

Cuando *Todo en familia* dejó de transmitirse en 1979, ninguna de las mujeres estadounidenses anhelaba ser la patética Edith, casada con un patán sumamente irreflexivo. Y como quien se aleja de una discusión sin hablar ni defender su punto de vista, los hombres cristianos que no denunciaron la estupidez de Archie permitieron que el mundo diera por sentado que las suposiciones de este necio, en cuanto a ser cabeza del hogar, parecieran correctas. ¡Por no hablar de lo «difícil de seguir»!

¿Cuál es entonces el antídoto para Archie Bunker? ¿Recuerdas el relato bíblico de cuando Jacobo y Juan se acercaron a Jesús para pedirle: «Concédenos que en tu gloria nos sentemos el uno a tu derecha, y el otro a tu izquierda» (Marcos 10:37)? Jesús respondió:

> Sabéis que los que son tenidos por gobernantes de las naciones se enseñorean de ellas, y sus grandes ejercen sobre ellas potestad. Pero no será así entre vosotros, sino que el que quiera hacerse grande entre vosotros será vuestro servidor, y el que de vosotros quiera ser el primero, será siervo de todos. Porque el Hijo del Hombre no vino para ser servido, sino para servir, y para dar su vida en rescate por muchos (Marcos 10:42-45).

Es como si Jesús nos dijera: «¿Así que quieres ser la cabeza de tu matrimonio? ¡Qué bueno! Es lo que quiero que hagas. Es un objetivo admirable. Entonces sirve a tu esposa de todo corazón. Toma la autoridad que es tuya y ámala de buena manera, tal como yo te he amado».

«¿ASÍ QUE QUIERES SER LA CABEZA DE TU MATRIMONIO? ¡QUÉ BUENO! ES LO QUE QUIERO QUE HAGAS. ES UN OBJETIVO ADMIRABLE. ENTONCES SIRVE A TU ESPOSA DE TODO CORAZÓN».

¿Recuerdas la exhibición de autos que visité con mi yerno y mis nietos adolescentes? ¿Recuerdas el modo en que me sentí al sentarme detrás del volante de un Bentley? El olor del cuero era casi embriagador. Pero pastorear amorosamente a tu esposa hace que esta eufórica experiencia en un auto exótico parezca una prueba de conducir en un triciclo usado. Liderarla con amor y compasión es incomparable a cualquier cosa que puedas conducir… o hacer.

NUEVE

UN PASTOR PROTEGE A SUS OVEJAS

Tu esposa está rodeada por depredadores, algunos de los cuales son visibles. Ella sabe esto, por lo que es probable que sea quien se asegure de que las puertas estén cerradas cuando te acuestas cada noche. Eres un centinela, con el arma al hombro, caminando de aquí para allá en lo alto del muro... un pastor bien armado. Pero la mayoría de peligros que tu esposa enfrenta no pueden verse.

> He aquí que Jehová el Señor vendrá con poder, y su brazo señoreará... Como pastor apacentará su rebaño; en su brazo llevará los corderos, y en su seno los llevará; pastoreará suavemente a las recién paridas (Isaías 40:10-11).

¿Te gusta esta imagen tanto como a mí? El Señor Dios, nuestro Buen Pastor, no carece de nada. Sus brazos son fuertes. Y en su ternura nos levanta en esos brazos y nos carga, nos protege, y delicadamente nos guía.

No necesitas mirar muy lejos para encontrar una ilustración maravillosa de cómo es esto para ti y tu esposa. Se trata de una de las historias de amor más tiernas de la Biblia. Es una historia verdadera de un esposo que tuvo esta clase de corazón.

Booz y Rut

Cuando Missy y Julie eran jóvenes, las vacaciones familiares nos proporcionaron recuerdos que perdurarán toda nuestra vida. Una semana lejos de la rutina diaria siempre nos proveyó nuevas experiencias y mucho tiempo para estar juntos. Fue idea de Bobbie que en familia leyéramos un libro de la Biblia mientras estábamos juntos. Un año leímos la historia de Rut y Booz, un relato de amor del más alto nivel. ¿Lo recuerdas?

ERES UN CENTINELA, CON EL ARMA AL HOMBRO, CAMINANDO DE AQUÍ PARA ALLÁ EN LO ALTO DEL MURO... UN PASTOR BIEN ARMADO.

Una hambruna en Judá llevó a una mujer llamada Noemí, su esposo y sus dos hijos a ir a la tierra de Moab. El esposo de Noemí pronto murió y sus hijos se casaron con chicas moabitas, Orfa y Rut. Entonces, antes que sus matrimonios hubieran producido descendencia, ambos hijos siguieron a su padre a la tumba.

Cuando llegó a Moab la noticia de que el hambre en Judá se había acabado, Noemí decidió regresar a casa. Pero instó a sus nueras moabitas a quedarse entre su propio pueblo en lugar de viajar con ella a una tierra extranjera. Con lágrimas, Orfa decidió permanecer en Moab, «mas Rut se quedó con ella», declarando su fidelidad a su suegra en uno de los pasajes más hermosos de la Biblia:

> No me ruegues que te deje, y me aparte de ti; porque a dondequiera que tú fueres, iré yo, y dondequiera que vivieres, viviré. Tu pueblo será mi pueblo, y tu Dios mi Dios. Donde tú murieres, moriré yo, y allí seré sepultada; así me haga

> Jehová, y aun me añada, que sólo la muerte hará separación entre nosotras dos (Rut 1:16-17).

Y así, con todas sus posesiones terrenales sobre sus espaldas, las dos viudas indigentes hicieron el viaje de entre siete a diez días hasta Belén, ciudad natal de Noemí. Era la época de la cosecha y al llegar, la emprendedora Rut se puso a recoger espigas detrás de los segadores en un campo a fin de conseguir alimento tanto para ella como para su suegra. Mientras Rut hacía esto, llegó el propietario del campo, un pariente del esposo de Noemí llamado Booz. «Jehová sea con vosotros», les dijo a los segadores. «Jehová te bendiga» contestaron, un intercambio que indica la extraordinaria bondad de Booz para con sus siervos. Imagina a la humilde y hambrienta Rut, agachada para recoger espigas sueltas de cebada, oyendo la voz del terrateniente y presenciando la respuesta que los trabajadores le daban al dueño de las tierras.

Booz observó una extraña entre las jóvenes mujeres en el campo. Cuando le dijeron que se trataba de la nuera de Noemí, se le acercó y le declaró:

> Oye, hija mía, no vayas a espigar a otro campo, ni pases de aquí; y aquí estarás junto a mis criadas. Mira bien el campo que sieguen, y síguelas; porque yo he mandado a los criados que no te molesten. Y cuando tengas sed, ve a las vasijas, y bebe del agua que sacan los criados (2:8-9).

Enmudecida, Rut hizo una reverencia y expresó en voz baja: «¿Por qué tanta delicadeza suya hacia mí?».

> «He oído hablar de lo bondadosa que has sido con la viuda Noemí —contestó Booz—. Que el Señor te pague por lo que has hecho. Ojalá seas ricamente recompensada por el Señor, el Dios de Israel, bajo cuyas alas has venido a refugiarte» (2:11-12, parafraseado).

«Señor mío, halle yo gracia delante de tus ojos». Cautivada por los modales y la gentileza de Booz, Rut continuó: «Porque me has consolado, y porque has hablado al corazón de tu sierva, aunque no soy ni como una de tus criadas» (2:13). Booz fue atento con la nueva trabajadora y más tarde, a la hora de comer, le ofreció a Rut tanto grano tostado como podía comer. Luego ordenó a sus hombres que la cuidaran y dejaran caer bastantes espigas en el sendero de ella.

Cuando Rut regresó ante su suegra al final del día y le contó acerca del hombre misericordioso llamado Booz, Noemí exclamó: «Sea él bendito de Jehová, pues que no ha rehusado a los vivos la benevolencia que tuvo para con los que han muerto... Nuestro pariente es aquel varón, y uno de los que pueden redimirnos» (2:20).

Un buen pastor

Noemí pudo haber dicho: «Booz es un buen pastor, nuestro buen pastor, quien ha decidido cuidar de quienes le pertenecen».

Al día siguiente, Rut regresó al mismo campo y trabajó bajo la protección de Booz. Ella recogió un abundante suministro de grano cada día durante más de dos meses. Entonces terminó la cosecha. Ahora Noemí le dijo a Rut: «Hija mía, ¿no debiera yo buscarte un hogar seguro donde no te falte nada? Además, ¿acaso Booz, con cuyas criadas has estado, no es nuestro pariente?».

Rut escuchó atentamente mientras Noemí continuaba: «Pues bien, él va esta noche a la era para aventar la cebada. Báñate y perfúmate, y ponte tu mejor ropa. Baja luego a la era, pero no dejes que él se dé cuenta de que estás allí hasta que haya terminado de comer y beber. Cuando se vaya a dormir, te fijas dónde se acuesta. Luego vas, le destapas los pies, y te acuestas allí. Verás que él mismo te dice lo que tienes que hacer» (3:1-4, NVI).

Rut siguió las instrucciones de Noemí. Durante la noche, Booz se movió y despertó. Al ver a alguien acostado a sus pies, preguntó: «¿Quién eres?».

«Soy Rut, su sierva —contestó ella en voz baja, mientras el

corazón le palpitaba con expectación y temor—. Extienda sobre mí el borde de su manto, ya que usted es un pariente que me puede redimir» (3:9, NVI).

«Bendita seas tú de Jehová, hija mía —respondió Booz—. Has hecho mejor tu postrera bondad que la primera, no yendo en busca de los jóvenes, sean pobres o ricos. Ahora pues, no temas, hija mía; yo haré contigo lo que tú digas». Booz tomó a Rut como su esposa. Dios había provisto.

Creo saber cómo debió haberse sentido Booz al ver por primera vez a Rut. Después que murió mi primera esposa, mi corazón fue atraído hacia Nancy, quien al recibir mis acciones de bondad y el interés que le mostraba respondió con gratitud y humildad; estas palabras expresaron su corazón hacia mí: «¿Por qué he hallado gracia en tus ojos para que me reconozcas, siendo yo extranjera?» (Rut 2:10).

A principios de nuestro cortejo, Nancy comenzó a leer esta historia en su lectura bíblica diaria. Ella la había estudiado y enseñado muchas veces durante sus años de ministrar como una mujer soltera. Pero dado mi amor expresado por ella y mi búsqueda de su corazón, este relato cobró un nuevo significado. A menudo cerraría sus mensajes de texto con «TRTT»: tu Rut totalmente tuya.

Protección

En el momento que vi a mi primera hija en septiembre de 1971, tan diminuta, hermosa e indefensa, pensé: «Soy tu papito, y aunque yo no tenga idea de lo que estoy haciendo aquí, voy a protegerte». Cuando la niña creció, mi papel como su protector cambió de resguardar su cuerpecito a preservar su corazón. Cuando ella era diminuta y ligera, necesitaba protección física. Cuando creció y pudo cuidar de su propio cuerpo, su necesidad de protección se volvió menos visible, y más emocional y espiritual.

Me encantaba este papel y ahora que Missy y Julie están casadas con esposos maravillosos y crían sus propios hijos, mi inversión en las vidas de ellas cuando eran pequeñas ha pagado dulces dividendos. Unos a otros nos consideramos entre nuestros amigos más cercanos.

EN NUESTRO MUNDO PELIGROSO, PROTEGER A TUS HIJOS ES OBVIO. EL PERRO FURIOSO DEL VECINO Y LAS MIRADAS FURTIVAS DE UN ADOLESCENTE HACEN QUE UN PAPITO SEA NECESARIO. PERO ¿CÓMO PROTEGE UN ESPOSO A SU ESPOSA?

En nuestro mundo peligroso, proteger a tus hijos es obvio. El perro furioso del vecino y las miradas furtivas de un adolescente hacen que un papito sea necesario. Pero ¿cómo protege un esposo a su esposa?

Protección física

Si buscas en Google la frase «vieja escuela», podría aparecer mi nombre. Sé que no toda esposa aprecia la clase de cosas que he hecho como esposo, pero ya que me crie observando un papá que fue un caballero, estas cosas resultan de manera natural. Y creo que han sido agradables para mi esposa. Cosas como...

Tomarle la mano... Ofrecerle mi brazo... Abrirle la puerta...

Como dije, esto es escuela antigua. Y tu esposa quizá podría creer que es algo tonto y arcaico.

Cuando camino por la acera con mi esposa, siempre lo hago en el lado de la calle. La tradición se remonta a la época de los coches tirados por caballos, cuando las ruedas de los coches tirados por caballos pasaban por charcos lodosos y salpicaban el agua sucia sobre los peatones. También estaba el ocasional caballo desbocado. Pero aunque no hay muchos carruajes viajando por las calles donde vivimos, aún hago esto. No quiero exagerar mucho el asunto. Es más, no estoy seguro de que alguien lo haya mencionado alguna vez. Simplemente cuando caminamos, siempre me pongo del lado de la calle, el más peligroso.

Al llegar a alguna parte en el auto, mi esposa espera que yo le abra la puerta y la ayude a salir. Hago lo mismo al salir de nuestro garaje, ayudándola a instalarse en el asiento del pasajero. Un día lluvioso ayudaba a Nancy a entrar al auto. Al pararse en el estribo, se le resbaló el pie. Como yo la había agarrado del brazo, se deslizó pero no cayó al suelo. Sí, se hizo un pequeño moretón en la espinilla, pero mi mano la estabilizó y ella pudo erguirse. Cuando di la vuelta y me senté en el asiento del conductor, Nancy estiró la mano, tomó la mía y me agradeció. Eso fue todo. Nada del otro mundo, pero me alegré de estar allí para evitar que ella se cayera.

Sin embargo, al igual que con mis hijas, la protección de mi esposa incluye la clase menos tangible.

Protección emocional

Un día me di cuenta de que Nancy estaba en una batalla. Yo no sabía lo que le preocupaba, pero su semblante alicaído era una clave. «¿Qué pasa? ¿Estás bien?», le pregunté con una mirada de sincero interés en el rostro. Nancy me había dicho que hay cuatro cosas que vulneran a las personas ante la tentación: el hambre, la ira, la soledad y el agotamiento. Ella admitió que en ese instante sentía hambre y cansancio. La animé a tomar un descanso, pues había estado escribiendo toda la noche, y cuando despertó, calenté un plato de chile con pollo y se lo serví. No hubo toques de trompeta. Solo un simple plato de chile con pollo.

Antes de acostarnos esa noche, me agradeció por encargarme de sus necesidades. Le contesté que para mí era una gran alegría, porque lo era.

Peligros de relación

Desde el principio de nuestro cortejo, Nancy me habló de una lucha continua que tenía en una relación particular. Ella supo que yo estaba escuchándola porque le hacía preguntas mientras hablaba. ¿Cuánto tiempo ha estado pasando esto? ¿Ha habido momentos agradables en la relación? ¿Qué pudo haberla perjudicado? ¿Qué has hecho para restaurarla? ¿Estás orando por esa persona?

ANTES DE ACOSTARNOS ESA NOCHE, ME AGRADECIÓ POR ENCARGARME DE SUS NECESIDADES. LE CONTESTÉ QUE PARA MÍ ERA UNA GRAN ALEGRÍA, PORQUE LO ERA.

Cuando terminó, le dije que, como su amigo, me hallaba comprometido a estar de su parte. «Tus luchas en esta situación también son mis luchas», le manifesté. Ya que íbamos en el auto y teníamos tiempo sin interrupciones, me ofrecí a tomar un minuto para orar por ella y por este problema. En mi oración repetí lo que había dicho en cuanto a mi disposición de unirme a Nancy a fin de llevar esta carga con ella. Eso fue todo. No hubo sermón de tres puntos ni explicación de esos puntos. Hice lo que pude por identificarme y luego pedí al Señor sabiduría en lo porvenir. Nancy confesó que este fue uno de esos momentos inolvidables en nuestra relación.

Sentirse segura

La protección intencional de tu esposa la hará sentirse segura. Si le preguntas a un pastor, te dirá que ayudar a sus ovejas a tener una sensación de seguridad es prioridad máxima.

Pero seamos sinceros en cuanto a esto. Por mucha protección física o emocional que trates de brindar, tus esfuerzos quedarán cortos... siempre. Sin embargo, la buena noticia es que no depende de ti: «Dios es nuestro amparo y fortaleza, nuestro pronto auxilio en las tribulaciones» (Salmos 46:1).

En el mostrador de nuestra cocina tenemos una placa con un versículo conocido del Antiguo Testamento: «El Dios eterno es tu refugio; por siempre te sostiene entre sus brazos» (Deuteronomio 33:27, NVI). Los mensajes mutuos de texto ya entrada la noche desde lugares lejanos se convirtieron en un hábito en mi amistad con Nancy. Y debido a que sabía lo mucho que ella apreciaba el versículo anterior, a menudo se lo enviaba con una bendición: «Que descanses con seguridad en los brazos de tu Buen Pastor».

Mi primer matrimonio comenzó el 28 de marzo de 1970. Yo tenía veintidós años de edad, y Bobbie veinte. Éramos muy jóvenes. Crecimos en los próximos cuarenta y cuatro años y medio. Descubrimos los anhelos y los sueños de cada uno, así como nuestras aprensiones y nuestros temores. Encontré gran satisfacción en ayudar a mi esposa a realizar sus sueños, y me encantaba protegerla cuando tenía miedo.

Cuando recibimos su diagnóstico de cáncer a principios de 2012, nos dijimos que no estábamos enojados. No teníamos miedo. Esos brazos del Buen Pastor nos sostenían con seguridad.

El 28 de octubre de 2014 envié este correo electrónico a familiares y amigos cercanos: «Esta mañana a las diez y cincuenta, hora del este, Bobbie entró al cielo. Missy y Julie estaban aquí, por lo que los cuatro pudimos experimentar juntos este milagro. Durante los últimos quince años, cada vez que uno de nosotros llega con seguridad después de un vuelo o un largo viaje, nos enviamos dos palabras en un mensaje de texto: "A salvo". Ahora Bobbie está a salvo».

> **ENCONTRÉ GRAN SATISFACCIÓN EN AYUDAR A MI ESPOSA A REALIZAR SUS SUEÑOS, Y ME ENCANTABA PROTEGERLA CUANDO TENÍA MIEDO.**

Cuando Nancy y yo nos casamos en noviembre de 2015, no éramos jóvenes. Pero rápidamente descubrimos los anhelos y los sueños de cada uno; y también estamos conociendo nuestras aprensiones y nuestros temores. Como hice durante casi cuarenta y cinco años con Bobbie, encuentro gran satisfacción en ayudar a Nancy a realizar sus sueños, y me encanta protegerla cuando tiene miedo o incertidumbre, o cuando está ansiosa. Al igual que Bobbie, y tal vez al igual que tu esposa, Nancy también anhela estar a salvo.

El valle de sombra de muerte

«Aunque ande en valle de sombra de muerte, no temeré mal alguno, porque tú estarás conmigo» (Salmos 23:4).

En el otoño de 2014, la sombra de muerte se volvió más grande. A medida que Bobbie se debilitaba más y más, tuve la satisfacción de cuidarla. Missy y Julie volaron a Orlando algunas veces por unos cuantos días para que yo pudiera descansar un poco, pero como nunca antes, era mi responsabilidad principal ser el pastor de mi esposa.

Teníamos la opción de contratar enfermeras las veinticuatro horas, pero Bobbie era mi esposa, mi protegida. Mientras yo estuviera en buenas condiciones físicas, no quería que una extraña, por adiestrada que pudiera estar, cuidara de esta corderita. Este sería mi privilegio. Yo había sido su pastor terrenal desde que ella tenía veinte años. Cuarenta y cuatro años después, con el ánimo de amigos, decidí que no huiría de esta oportunidad de cuidarla mientras pudiera.

MIENTRAS YO ESTUVIERA EN BUENAS CONDICIONES FÍSICAS, NO QUERÍA QUE UNA EXTRAÑA, POR ADIESTRADA QUE PUDIERA ESTAR, CUIDARA DE ESTA CORDERITA.

Normalmente no uso reloj para despertarme en la mañana, pero durante las semanas que cuidé a Bobbie en su enfermedad aprendí a fijar el timbre de mi teléfono inteligente cada cuatro horas. A veces el chirrido electrónico me despertaba de las profundidades, aunque hubiera dormido pocas horas. Me sentía agotadísimo, pero la magnitud de la tarea me inspiraba.

Porque estás conmigo

En la tarde del lunes 27 de octubre de 2014, Missy y Julie llegaron a Orlando. Sabían que el propósito de este viaje era despedirse de su madre. Ella lo sabía muy bien. Las horas siguientes fueron inolvidables. Bobbie, totalmente lúcida y alerta, estaba emocionada de tener allí a nuestras dos hijas. Hablamos. Reímos. Lloramos. Recordamos.

A las ocho y treinta fui a nuestra alcoba, quizá más agotado de lo que había estado alguna vez. Noventa minutos después, Missy me despertó suavemente, haciendo todo lo posible por no asustarme. «Mamá está llamándote», expresó. Solo tuvimos doce horas más con Bobbie. Durante el corto tiempo que dormí, Bobbie les dijo a Missy y Julie: «Voy a morir mañana. Pronto veré a Jesús». También reportó estar viendo «luces brillantes por todas partes».

Durante el resto de la noche, Missy, Julie y yo estuvimos en la sala alrededor de la cama de hospital de Bobbie. Pero a pesar de que avanzaba lentamente hacia la meta final, casi tan débil para moverse por su cuenta, ella insistió con una sonrisa amarga en manejar los controles de la cama de hospital. Esto nos dio a todos los cuatro algo de lo cual reír.

A las diez y veinte de la mañana siguiente llegó Enid, nuestra enfermera de hospital.

—Hola, señora Bobbie —saludó tiernamente.

—Hola, Enid —contestó mi esposa abriendo los brazos para recibir un abrazo.

Enid se dedicó rápidamente a sus labores, poniendo el tensiómetro en la parte superior del brazo de Bobbie, quien facilitó las cosas levantando el brazo derecho. Escuchando atentamente a través del estetoscopio, Enid presionó varias veces la bomba de caucho y dejó salir el aire. Volvió a bombear, dejando salir el aire con un suave silbido.

—¿Qué pasa? —preguntó Bobbie viendo el rostro de la enfermera.

—Su presión arterial es 80/40 —anunció.

—Está baja, ¿verdad? —comentó mi esposa.

—Sí, señora Bobbie, está muy baja.

Entonces Enid agarró la muñeca derecha de la enferma para examinarle el pulso; se quedó en silencio y no se movió. Ni Missy, ni Julie, ni yo hablamos. Enid le agarró la otra muñeca a Bobbie, pero tampoco dijo nada.

—No logras encontrar pulso, ¿verdad? —preguntó mi esposa.

—No, señora Bobbie, no logro hacerlo.

Entonces Bobbie nos preguntó si podíamos ayudarle a girar sobre su costado derecho hacia mí. Yo estaba sentado, lo cual puso nuestros rostros al mismo nivel. Bobbie extendió ambas manos y me agarró de la camisa, acercándome el rostro a pocos centímetros del suyo.

«Te amo mucho», declaró con claridad, completamente alerta; entonces me soltó la camisa y entró al cielo.

Missy se sobresaltó por lo que acababa de ocurrir.

—¿Está muriendo? —le preguntó a Enid.

—Sí, así es —contestó la enfermera con la firmeza de una profesional.

Giramos a mi esposa sobre la espalda. Enid puso la mano en el pecho de Bobbie por un prolongado momento. «No hay respiración. No hay latidos del corazón. Se ha ido».

Gracias por dejarme ser tu pastor

Llamamos a la funeraria donde ya habíamos hecho arreglos. Enid se dedicó a sus deberes de trámites. Missy, Julie y yo permanecimos en silencio alrededor de la cama de hospital en que había estado Bobbie pero que ahora solo tenía su cuerpo. Le agarré la mano. Lentamente el rostro se le puso pálido y frío.

En esos momentos le agradecí al Señor por esta mujer. Por su amor hacia Cristo y hacia su familia. Además, le agradecí por el privilegio de ser su pastor terrenal durante todos estos años.

La única manera de describir estos instantes sería decir que fueron sagrados. Nunca los olvidaré.

En su libro, *Los 7 hábitos de la gente altamente efectiva*, el exitoso escritor Stephen Covey te invita a imaginar tu propio funeral, a escuchar lo que las personas dicen al pasar cerca de tu ataúd mientras estás en capilla ardiente. Pero si yo pudiera, me gustaría sugerir un ejercicio aún más poderoso, aunque doloroso, de la imaginación. Eres un pastor. Tu esposa es tu protegida, tu oveja. Si ella estuviera muerta, como estaba Bobbie, y tuvieras que recordar la manera en que cumpliste tus responsabilidades hacia ella, ¿qué pensarías?

¿Qué te gustaría haber hecho mejor? ¿Qué quisieras nunca haber hecho? Al examinar la vida que tuvieron juntos, ¿cuáles son algunos de los recuerdos realmente felices? ¿Dónde pudiste haber hecho un mejor trabajo de amarla?

Ahora puedes despertar. Tu esposa, tu oveja, está viva. Hay tiempo para que vuelvas a comprometerte en tu papel como su pastor. ¿Te impide algo cumplir con esta responsabilidad? ¿Con este privilegio? ¿Con esta satisfacción?

Te hago una pregunta más: ¿Qué impide que te acerques? ¿Nada? Bueno. Que Dios te bendiga, señor pastor.

DIEZ

UN PASTOR CONSUELA A SUS OVEJAS

Tu vara y tu cayado me infundirán aliento.

—SALMOS 23:4

A fin de entender lo que el salmista quiere decir cuando escribe que el Pastor «infunde aliento» a sus ovejas, echemos un vistazo a otra actividad que se lleva a cabo en un campo: de béisbol.

Pasatiempo estadounidense

Algunos creen que al béisbol se le llama pasatiempo estadounidense favorito debido a su paso lento. «Seguro que puedes pasar eternidades observando pasar el tiempo». Pero esto no va conmigo. Me encanta el béisbol.

De niño no podía pasar por un campo donde estuvieran jugando sin detenerme. El béisbol fue el único deporte que jugué en el liceo. No entré al equipo. Pero esto no disminuyó mi afecto por el juego. Cuando era adolescente en la región de Chicago, mi equipo favorito eran los Cachorros, que en el 2016, después de 108 años, ganó la Serie Mundial. Es más, mi perro favorito, un pequeño maltés blanco, se llamaba Wrigley, como el estadio de los Cachorros.

> **UNA DE LAS GRANDES VERDADES TEOLÓGICAS QUE SE ENCUENTRAN EN LA BIBLIA ES QUE JESÚS, NUESTRO PASTOR, CORRE DESDE LA CASETA Y SE PARA DELANTE DE DIOS EL PADRE PARA PRESENTAR NUESTRO CASO.**

De adulto he disfrutado la amistad de algunos jugadores profesionales de béisbol, de quienes he aprendido algunos de los secretos del juego: la «charla» que se realiza en el campo, los gestos sutiles con las manos, los asentimientos de cabeza y las expresiones faciales. Pero lo que me hace pensar ahora mismo en el béisbol no son los jugadores ni la estrategia, sino los entrenadores y los árbitros.

La subjetividad reina

Hasta hace poco no se revisaba el béisbol en video, ni se hacían reuniones improvisadas de árbitros en el campo, esperando que otros árbitros invisibles en una cabina en alguna parte de Nueva York analizaran la repetición, tratando de imaginar lo que acababa de ocurrir. No me gustan las revisiones de video en el béisbol. En realidad, prefiero la subjetividad.

Todas las decisiones personales de los árbitros añaden fascinación al juego. Es más, si desde la caseta el entrenador lanza gritos para poner en duda la decisión, puede ser expulsado del juego. Sin jurado. Sin juez. Sin juicio. Directo a las duchas. El árbitro, como dicen, «las decide como las ve».

¿Y qué hace el entrenador cuando una de estas decisiones arbitrales «dudosas» va contra su jugador? Se pone furioso en la caseta, se abre paso hacia el árbitro abusivo, y le da el original tratamiento «en tu rostro». Ardiendo de ira, el entrenador sermonea al árbitro, quien le devuelve el sermón. Tal vez el entrenador, después de agotar su repertorio de insultos y obscenidades, termina por echar tierra a los zapatos negros relucientes del árbitro. A la gente de la ciudad le encanta esto, y pide más, tal como hace la multitud en una pelea de gladiadores. Cuando el árbitro ha tenido suficiente, expulsa del partido al entrenador.

¿Cuál es el punto? No ha habido ninguna resolución. Ninguna decisión. Ningún «consenso». Sin importar cuántos juegos observes, en estas decisiones subjetivas, sin tomar decisiones al reproducir videos, nunca verás que un árbitro cambie una decisión. El entrenador todas las veces pierde la discusión. Así que, ¿por qué se molesta? Creo que lo hace por el bien del jugador a quien se ha llamado a la base; es la manera en que el entrenador lo consuela.

He aquí lo que quiero decir. A pesar de que la autoridad del árbitro es absoluta, aunque la decisión no se revierta, aun cuando el entrenador va a hacer el ridículo frente a todas esas personas, a pesar de que lo van a expulsar y le van a poner una multa severa, lo que hace a favor de su jugador le hace ganar el respeto de este. Le da confianza. Esta escena, por risible que parezca, produce consuelo en ese jugador.

Una de las grandes verdades teológicas que se encuentran en la Biblia es que Jesús, nuestro Pastor, corre desde la caseta y se para delante de Dios el Padre para presentar nuestro caso. «Hijitos míos, estas cosas os escribo para que no pequéis; y si alguno hubiere pecado, abogado tenemos para con el Padre, a Jesucristo el justo» (1 Juan 2:1).

Sin embargo, a diferencia del entrenador de béisbol, nuestro abogado es el inmaculado Hijo de Dios. Pero la figura de este Pastor que nos defiende delante de un Dios santo es exactamente correcta. Como alguien ha dicho, Jesús mantiene una foto tuya en su teléfono inteligente, y cuando alguien le pregunta acerca de ti,

Él orgullosamente muestra tu semejanza y declara que eres su hijo. Eso está más allá de la lógica o la comprensión, pero es cierto.

La vara

En la descripción de nuestro Pastor en Salmos 23 hay dos cosas que Él lleva consigo todo el tiempo. La primera es una vara, un pedazo corto y grueso de madera con una empuñadura, como la cachiporra que cuelga del cinto de un policía.

La vara es una herramienta que le ayuda al pastor a contar sus ovejas. Como cuando pasas el dedo a lo largo de una línea impresa para ayudarte a seguir la lectura, el pastor usa la vara como un indicador de que sus ovejas pasan por debajo. El pastor en la historia de la oveja perdida pudo haber utilizado la vara para descubrir la que se había perdido.

La vara también es un arma formidable contra depredadores. Así como un jugador de béisbol sabe que, de ser necesario, su entrenador irá tras un árbitro que toma una mala decisión (aunque gracias a Dios sin una vara en la mano), hay consuelo para una oveja al saber que su pastor está armado, listo y dispuesto a defenderla.

ESE DÍA ELLA HABÍA CONFRONTADO A NUESTRA HIJA, Y LOS RESULTADOS FUERON TERRIBLES. YO ESTABA DEFENDIENDO A MI ESPOSA. Y DEFENDERLA LE PRODUJO CONSUELO.

En el capítulo anterior hablamos de la responsabilidad de un pastor de proteger sus ovejas. La amenaza puede venir de lobos o ladrones. Puedes preguntar a tu esposa al respecto, pero tu disposición de protegerla de cualquier clase de enemigo exterior le produce una fuerte sensación de consuelo. No obstante, a veces la amenaza no viene del exterior. En ocasiones tu esposa necesita protección de sus propios hijos.

Cuando mi hija Missy entró al quinto grado, pareció cambiar de la noche a la mañana. Empezó a cuestionar las decisiones de su madre y llegó a la conclusión de que los quehaceres hogareños eran voluntarios. Su cuarto una vez ordenado parecía un salón de recreo de un círculo estudiantil después de una fiesta. Pero el cambio más inquietante fue cómo le hablaba a su madre. La pequeña niña dócil y respetuosa que habíamos conocido se dio la vuelta, determinando que su madre era un blanco fácil.

Una tarde de otoño, Bobbie me llamó al trabajo. Estaba profundamente atribulada por la conducta y la actitud de Missy. Mi esposa me contó que la maestra de Missy había llamado para quejarse de nuestra hija. A los pocos minutos me hallaba en el cuarto de Missy, quien estaba bocabajo en su cama, pero no lloraba. Era demasiado insolente para llorar.

Con poca emoción pero con mucha determinación paternal, hablé.

«Tu madre y yo no sabemos qué pasa contigo, pero sí sabemos que estás en problemas en la escuela. He visto el modo en que estás tratando a tu madre... la manera inaceptable en que le hablas. Además, Melissa Christine, quiero que sepas algo, no permitiré que este comportamiento continúe».

Yo no había terminado.

«Puedes creer que ganarás esto. Puedes creer que vas a salirte con la tuya y que sencillamente pasaremos esto por alto. Te amo, pero estoy aquí para decirte algo que ya sabes. No ganarás. Tu papá ganará. Te lo prometo».

Missy alzó la mirada. Tal vez quiso ver si mi promesa era en serio. Vio que yo no estaba bromeando. Ante esto, mi obstinada hija comenzó a llorar. Rápidamente me le acerqué y me senté en el borde de su cama. Me incliné y la abracé. La estreché en mis brazos.

Bueno, podrías creer que esta historia se trata de Missy. Puedes concluir que voy a aprovechar este momento para darte algunos consejos sobre la crianza de una hija adolescente. Pero no es así. Esta es una historia acerca de mi esposa. Tiene que ver con que ella oyera mi resuelta amonestación a nuestra hija, cuyo abierto desafío a su madre me alertó a intervenir. ¿Pudo mi esposa haber hecho esto por su cuenta? Desde luego. Ese día ella había confrontado a nuestra hija, y los resultados fueron terribles. Yo estaba defendiendo a mi esposa. Y defenderla le produjo consuelo.

A propósito, si conocieras a Missy hoy día, te sería difícil creer esta historia. Esta mujer capaz tiene un espíritu tierno y un corazón de sierva. Pero durante el insolente desafío que tuvo cuando era niña, su madre era una oveja y yo era su pastor defensor. Bobbie estaba parada en la base después de una mala decisión del árbitro, y yo era su entrenador.

Cuando éramos niños, buscábamos aliados que fueran más grandes y fornidos que nosotros. Puedes recordar discusiones que tuviste con muchachos vecinos. Cuando estas peleas llegaron al punto en que sabías que te superaban ampliamente, acudiste a alguien más grande, probablemente tu padre.

La vara que utiliza nuestro Buen Pastor

Ahora eres adulto, y tu papá tal vez no pueda ayudarte, pero todavía hay ocasiones en que necesitas la ayuda de alguien más fuerte o más inteligente. Admitir que necesitas ayuda no es fácil. Profesionalmente comprendo esta verdad.

Al trabajar por décadas en el mismo sector industrial, desarrollé una experiencia que me puso de manera fiable en una posición fuerte en la mesa de negociaciones, analizando cómo publicar y comercializar libros. Entonces llegó la tecnología y la era digital, y me hallé mirando a los rostros de hombres y mujeres jóvenes, solo un poco mayores que mis nietos, en círculos de conversación. De repente servían de poco todos mis años de experiencia. Confesar mi insuficiencia se ha convertido en un estilo de vida. Es más, mientras más envejezco, más consciente estoy de mis inhabilidades y de mi necesidad de ayuda. Una vez me sentí invencible en mi profesión. Ahora a menudo me siento confundido.

Petición de ayuda

La historia de la oveja extraviada y el pastor fiel que deja todo para buscarla me recuerda cuánto necesito un pastor. Mis desiguales encuentros con la tecnología son nada comparados con las deficiencias que siento en mi vida personal. Por eso me encanta la historia de Nehemías en el Antiguo Testamento.

Cerca de cuatrocientos cincuenta años antes de Cristo, Nehemías, un judío en Babilonia, era el copero del rey de Persia, quien valoraba el consejo y la asesoría de su copero. Nehemías recibió noticias de que los muros que rodeaban a Jerusalén habían sido destruidos. Angustiado, decidió pedirle ayuda al rey. Pero antes, dándose cuenta de que la tarea que tenía por delante estaba mucho más allá de su propia capacidad, ayunó y oró. Esto era habitual en Nehemías, quien vio una necesidad, comprendió su propia insuficiencia y oró. Él sabía que su Pastor tenía el poder y la voluntad para ayudarle.

Cuando debido al cáncer perdí a mi esposa, la soledad, la lobreguez y el silencio de mi hogar eran una manta oscura lanzada sobre mi alma. Me hallaba viviendo en territorio desconocido. Sí, mis familiares y amigos se me acercaron lo mejor que pudieron. Sus llamadas y mensajes fueron de aliento. Pero estas personas no podían ayudar en el nivel en que yo necesitaba. Por mucho que los amara y por sinceras que fueran sus expresiones de apoyo, estas personas simplemente no podían proporcionar lo que necesitaba. Entonces vino mi amigo Nehemías. Su ejemplo de quebranto, necesidad y oración constante fueron mi salvavidas.

MI BUEN PASTOR PUDO SALVARME. SENTÍ SU PRESENCIA. FUE ALGO QUE NUNCA ANTES HABÍA EXPERIMENTADO DE ESTE MODO.

Así que pedí ayuda en un modo que nunca antes había pedido. Toda autosuficiencia que había conocido antes llegó a su fin. Necesitaba la seguridad de un abogado fuerte, un pastor con una experiencia especial en consolar mi corazón dolido.

Temprano en la mañana, en el momento más ferviente de lectura bíblica, oración y escritura que nunca había conocido, encontré el consuelo que necesitaba. Mi Buen Pastor pudo salvarme. Sentí su presencia. Fue algo que nunca antes había experimentado de este modo.

El cayado

En mis años de trabajar en construcción he recopilado gran cantidad de herramientas. Algunas de estas son eléctricas, otras no necesitan electricidad o gasolina. Un pastor solo porta dos herramientas: una vara y un cayado. Como he dicho, la vara ayuda al pastor a contar sus ovejas y alejar a los depredadores. Las ovejas son consoladas porque su pastor las conoce y está dispuesto a pelear por la seguridad de ellas.

El cayado, un palo largo y delgado con un gancho en un extremo, está siempre en la mano del pastor, quien lo selecciona con cuidado, alisándolo, moldeándolo y cortándolo para su uso personal. Utiliza el cayado como bastón cuando atraviesa terreno montañoso, apoyándose en él para sostenerse y fortalecerse. Pero el uso principal del cayado es ayudar al pastor a conducir su rebaño.[1]

Al igual que una mesera en un restaurante fino utiliza un recogedor para limpiar las migas de pan de tu mantel de lino, un pastor usa su cayado para encerrar con cuidado sus ovejas. Con el gancho en el extremo puede alcanzar y atrapar ovejas individuales, jóvenes o viejas, y acercarlas hacia sí para examinarlas cuidadosamente; esto es útil con las ovejas tímidas, que a veces se mantienen lejos del pastor. El cayado también se utiliza para guiar a las ovejas a un nuevo camino o a través de una puerta, o a lo largo de rutas peligrosas y difíciles. Por lo general, el cayado es liviano, delgado y delicado, nunca se usa para castigar, siempre para guiar.

Al igual que tú y yo, a menudo las ovejas se meten en situaciones peligrosas. Un pastor escribió que había visto a sus propias ovejas, ansiosas por un bocado más de hierba fresca, bajar acantilados empinados, donde se deslizaban y caían al mar. Como un golfista con un recuperador extensible, el largo cayado puede sacar a las ovejas del agua y devolverlas a tierra sólida. Si una oveja se atasca en laberintos de rosas silvestres o zarzas, y las espinas se le enganchan tanto en la lana que posiblemente no puede liberarse por mucho que lo intente, el cayado en las manos de un hábil pastor puede librarla de su enredo.

¿Qué le pasó a la camioneta?

En su útil librito *Ten Questions Every Husband Should Ask His Wife Every Year* [Diez preguntas que todo esposo debería hacer a su esposa cada año], el doctor Tom Elliff cuenta cómo una mañana en una señal de pare, una mujer joven en una camioneta lo chocó por detrás. Nadie resultó herido, pero ambos vehículos quedaron gravemente estropeados, y Tom permitió que la mujer usara el teléfono celular de él para llamar al esposo de ella.

Sollozando, la esposa informó del accidente al esposo y de cómo el «buen hombre» a quien había chocado le permitió usar el celular. Tom pensó: *Amigo, este es tu momento. Ahora mismo tienes una increíble oportunidad de expresar amor, comprensión y ánimo a tu esposa. Di lo correcto y así revelarás la clase de amor que conquista el corazón de toda mujer. ¡No estropees las cosas!*

La respuesta del esposo fue tan fuerte que Tom pudo oírla claramente: «¿Qué le pasó a la camioneta?». En un momento ese hombre, ese pastor, pudo haber usado la curva de su cayado para rescatar a su esposa, calmarle el espíritu y asegurarle que era mucho más preciosa para él que un trozo de acero y cromo. Pudo haber consolado a su esposa. Pero no lo hizo.

Barandillas

La idea de usar un cayado de pastor con tu esposa puede ponerte un poco nervioso, y tal vez a ella podría resultarle algo estrambótico. Pero eso es solo si asumes que tu esposa es un alma errante, que arriesga neciamente su seguridad y es incapaz de ponerse límites.

El Señor me ha bendecido no solo con una sino con *dos* esposas sumamente brillantes y capaces. Por tanto, ¿a quién creo que estoy sugiriendo que necesita un pastor con cayado en mano? Esa es una pregunta buena e importante. En mi opinión, la respuesta es directa e irrefutable.

Ambas mujeres talentosas estuvieron agradecidas por un esposo que era un pastor con cayado en mano. Esta no fue idea mía, sino de ellas, inspiradas por lo que creían que la Palabra de Dios decía acerca de la relación que debían tener con su esposo. No las obligué, ni las obligaría, a que me dejaran ser su pastor. Usando la Biblia como su guía, tomaron esta decisión por sí mismas, sin presión de mi parte.

Bobbie se refería con amor a mi liderazgo en nuestra relación como «barandillas». A Nancy le encanta la imagen del «pastor» blandiendo el cayado. Esta fue decisión de ellas. Y si tu esposa ha tomado la misma decisión, se te ha entregado un cayado. Si esto te hace sentir un poco (o muy) inseguro, es algo bueno porque, desde una perspectiva humana, no tienes la habilidad para hacer esto en absoluto, mucho menos para hacerlo bien. Para citar algunos clichés llenos de verdad, estás fuera de tu alcance, sobre el trampolín. Has mordido más de lo que puedes masticar.

Bobbie se refería con amor a mi liderazgo en nuestra relación como «barandillas». A Nancy le encanta la imagen del «pastor» blandiendo el cayado. Esta fue decisión de ellas.

Por tanto, ¿qué vamos a hacer? Pues seguimos el claro ejemplo preparado para nosotros.

Tú y yo somos ovejas. Miramos a nuestro Pastor, «el autor y consumador de la fe» (Hebreos 12:2) para manejar la vara y utilizar el cayado. Lo que Él hace con nosotros y por nosotros, tenemos la responsabilidad de hacer con nuestras esposas y por ellas. Si tu esposa te ha escogido para dejarte dirigir, no tienes más alternativa que hacerlo bien... por el poder de Dios y en su Espíritu.

Imposible

Sin embargo, ¿y si tu esposa no está interesada en dejar que la guíes? Aunque ella sea buena persona, el hecho de que esté de acuerdo con tu papel como «cabeza» en tu matrimonio parece una montaña demasiado empinada de subir. Incluso podrías pensar que es imposible que tu esposa se someta a ti de una manera bíblica. Pero la «dirección» humilde y con un corazón de siervo no es una aptitud opcional en tu matrimonio. Viene como norma. Este privilegio y responsabilidad ha pertenecido a los esposos desde el principio del tiempo. La Palabra de Dios lo afirma como verdad.

Pero si tu esposa no está interesada en someterse, no puedes convencerla. Si ella lo ha decidido, no puedes cambiar las cosas. Hace años oí decir a un consejero matrimonial: «No puedes obrar en tu relación; solo puedes obrar en ti mismo». Si el esposo o la esposa cambian, será porque él o ella lo han decidido voluntariamente.

Cuando yo era estudiante de primer año, recibía clases en la universidad a las siete y treinta de la mañana los lunes, miércoles y viernes. Como chico universitario tenía la libertad de hacer lo que quisiera la noche del domingo, martes y jueves. ¿Pizza a medianoche para disfrutar con mis compañeros? No hay problema. No había padres alrededor que cuestionaran la sabiduría de tal cosa. Pero después de unas semanas de haberme privado del sueño y de sentirme enfermo del estómago en esas clases, decidí dejar esa tontería. Nadie me recortó las trasnochadas antes de mis clases temprano en la mañana. *Yo* hice el recorte. El dolor de cabeza de no hacer esto no vale el salchichón y el queso extra. Hice los cambios porque quise hacerlo. Vi algo mejor y lo escogí.

TU PAPEL Y LA DESCRIPCIÓN DE TU MISIÓN COMO PASTOR DE TU ESPOSA SON ASPECTOS ENTRE DIOS Y TÚ.

Este libro pretende animarte a ser un pastor tierno, a amar a tu esposa como nunca antes se haya sentido amada, a servirle confiadamente y «entregar tu vida» por ella. Al igual que el sol en la fábula de Esopo, puedes ganar su corazón calentándola. No ganarás terreno por la fuerza. Piensa como pastor, no como vaquero.

Lo estás haciendo mal, Jack

Cualquiera que sea la disposición de tu esposa, *jamás* debes recordarle que eres el pastor. Nunca deberías hacerlo. Nunca deberías hablarle respecto a la vara y el cayado de pastor. Nunca deberías hacerlo.

Debes ser tan hábil en cumplir este papel que nunca tendrás que mencionarlo. Tu papel y la descripción de tu misión como pastor de tu esposa son aspectos entre Dios y tú. Tu esposa no necesita saber nada acerca de la estrategia. Pero no te preocupes, con base en la manera que la estás tratando, ella podrá decirlo.

LA REALIDAD DE UN PASTOR QUE LE OFRECE A TU ESPOSA EXACTAMENTE LO QUE NECESITA DEBERÍA PARECERSE A ESO. TU PROMESA DE CONSOLARLA LE PRODUCIRÁ UNA SENSACIÓN DE CONFIANZA. INTEGRIDAD. Y GOZO.

Si me disculpas, me acuerdo de Jack Butler (Michael Keaton) en la película *Las locas peripecias de un señor mamá*. Él acaba de dejar a sus hijos frente a la escuela, pero debido a que es nuevo en el uso compartido del auto, va al norte y la fila de autos va al sur. Annette, la mamá encargada, levanta la mano y Jack detiene su auto. Él baja la ventanilla y la mujer policía habla.

Annette: «Hola, Jack, soy Annette».
Jack: «Hola, Annette».
Annette: «Lo estás haciendo mal».

Si te ves en la necesidad de decirle a tu esposa que eres su pastor, o si sientes la necesidad de decirle que eres el líder en tu matrimonio, o (¡Dios me libre!) si le pides que se «someta» a ti, amigo mío, lo estás haciendo mal.

> «Pondré sobre ellas pastores que las apacienten; y no temerán más, ni se amedrentarán, ni serán menoscabadas, dice Jehová» (Jeremías 23:4).

Hablarle a tu esposa de tu papel como su pastor debe ser como describirle a un pez la composición del agua. Lo único que un pez sabe acerca del agua es que le proporciona un ambiente seguro para vivir y prosperar. Se siente tan seguro allí que no necesita pensar en ello. Ni cuestionarlo.

La realidad de un pastor que le ofrece a tu esposa exactamente lo que necesita debería parecerse a eso. Tu promesa de consolarla le producirá una sensación de confianza. Integridad. Y gozo.

ONCE

Un pastor alimenta a sus ovejas

Aderezas mesa delante de mí en
presencia de mis angustiadores.

—SALMOS 23:5

La primera vez que entré a la cocina de Nancy Leigh DeMoss noté algo visiblemente extraño. Nancy, en sus cincuenta y sin haberse casado nunca, no tenía hijos ni nietos, pero allí en su cocina, casi obstruyendo el paso del comedor a la terraza exterior, había una silla para bebés. Este artefacto, con su gran bandeja plástica como una plataforma de lanzamiento desde la cual los bebés lanzan sus cereales, es muy conocido para todo padre; sin embargo, ¿qué estaba haciendo esa silla en la cocina de Nancy?

Entonces se me ocurrió algo que me granjeó aún más la simpatía de esta mujer. Nancy era tan fiel en recibir familias, incluso familias con hijos pequeños, que una silla para bebés era un accesorio permanente. Se trataba de un símbolo de lo que era importante para ella. Y cuando conocí sus amistades, descubrí que no solamente la visitaban, sino que en realidad vivían en su casa durante semanas, meses e incluso años. Aunque Nancy aprecia la limpieza y el orden, le importa menos que hacer que las familias visitantes se sientan en casa. Alimentar amigos. Qué bueno.

Preparación de la mesa

Cuando el salmista escribió que el Buen Pastor adereza una mesa para él, quiso decir que el Señor es un buen anfitrión. Si hemos de tomar del Señor nuestras ideas del pastor, esto es algo que debemos considerar en serio.

Al igual que Nancy, Bobbie era seria en cuanto a la hospitalidad. Durante dieciséis años vivimos en un vecindario pequeño en Orlando. En ese tiempo, tal vez acogimos a cincuenta personas. Y si les preguntaras a esos huéspedes, te dirían que nuestra casa representaba la hospitalidad al más alto nivel. Bobbie hacía eso.

«¿Y si no soy cocinero? —podrías muy bien preguntar—. No solo eso, sino que a veces mi esposa me saca de la cocina cuando está alistándose para tener compañía». Ah sí, me ha ocurrido y he oído eso. Así que cuando tú y tu esposa están recibiendo amigos, ¿qué más podrías hacer para ayudar?

CREÍAMOS QUE LAVÁBAMOS LOS PLATOS, PERO ESTÁBAMOS HACIENDO LO QUE LAS FAMILIAS HAN ESTADO HACIENDO DURANTE SIGLOS: TRABAJAR JUNTOS, REÍR JUNTOS Y APRENDER A AMARSE UNOS A OTROS EN EL PROCESO. Y TODO ESTO SUCEDIÓ EN LA COCINA.

Conozco un esposo que es inútil como cocinero, pero que afirma ser un movedor de sillas, preparador de mesas y limpiador de cocinas de talla mundial. También es bueno expresando gratitud a su esposa por ser una anfitriona tan increíble. Este hombre puede hacer estas cosas sin molestar a su esposa mientras ella prepara la cena. Antes que los invitados lleguen, él recorre la casa para asegurarse que todas las cosas estén recogidas y en orden. Realiza estas tareas sin que se lo pidan y sin llamar la atención hacia sí mismo. Este tipo también comparte la responsabilidad de recibir a los invitados cuando llegan, y de estar en la puerta cuando se van o agradecerles por venir.

«Este tipo» para presidente.

Pregúntale a tu esposa si ustedes tienen que aprender algo del manual de estrategias de este individuo. Si dice que sí, adelante. No tienes que entregar tu credencial de hombre. Lo prometo.

Eres el pastor del centro de tu casa

En un contexto contemporáneo «me preparas un banquete» es principalmente acerca de la cocina. Mis padres no consiguieron un lavavajillas hasta que yo estaba en la universidad, así que por lo general lavábamos los platos después de la cena juntos como familia. Me ponía al lado de mi madre, secando los platos que ella acababa de enjuagar, chasqueando el paño de cocina en mis hermanos cuando mamá no estaba mirando.

Creíamos que lavábamos los platos, pero estábamos haciendo lo que las familias han estado haciendo durante siglos: trabajar juntos, reír juntos y aprender a amarse unos a otros en el proceso. Y todo esto sucedió en la cocina.

El sitio donde se encuentra tu mesa de cocina es el centro de tu hogar. Por bueno que podría ser tener espacios extra y aparatos tecnológicos, no puedes darte el lujo de permitir que tus hijos entren y salgan como huéspedes de hotel. Regularmente debes hacer que regresen a la mesa de la cocina.

En realidad, me refiero a que *debes* hacer que regresen a la cocina. Eres el pastor de la mesa de la cocina, aunque no seas el chef. La responsabilidad de lo que sucede a la hora de comer es tuya. Es parte de tu comisión.

Podrías argumentar: «Pero los horarios de nuestra familia son una locura. Prácticas de fútbol, ensayos de obras de teatro, gimnasia y lecciones de piano en la escuela, y actividades de la iglesia, hacen que sentarse juntos a comer sea casi imposible». Sin duda.

Por eso seamos razonables e insistamos solo en *una* comida familiar al día. Nadie sabe más respecto a la hora de comer que los italianos, así que escucha a la reconocida autora de libros de cocina italiana Marcella Hazan: «Me entristece que no haya mucho que haga reunir a las familias en estos días. Pero todos tenemos que comer para vivir, así que ¿por qué no... disfrutar [comidas] como familia? Me preocupa que la hora de comer en la familia estadounidense esté quedando en el olvido porque las personas creen que están demasiado ocupadas».[1] Ella tiene razón. A pesar de nuestros horarios saturados de actividades, *no* estamos demasiado ocupados para esto. Y si lo estamos, entonces algo aparte de la comida familiar debe desaparecer.

NADA DE TELÉFONOS CELULARES EN LA MESA. LAS CENAS FAMILIARES QUE CUENTAN NO PUEDEN INCLUIR UN TELÉFONO CELULAR EN LAS MANOS O EN EL REGAZO DE CADA PERSONA. ESTOS APARATOS NO SON INVITADOS BIENVENIDOS.

Una observación más: *nada de teléfonos celulares en la mesa.* Las cenas familiares que cuentan no pueden incluir un teléfono celular en las manos o en el regazo de cada persona. Estos aparatos no son invitados bienvenidos. Al momento de escribir esto, tengo cinco nietos entre quince y veintiún años de edad. He disfrutado varias comidas en casas de sus padres. Sus papás, mis yernos, no son tiranos en el hogar; por el contrario, son amables, razonables y justos. Pero en calidad de pastores de sus cocinas han establecido una regla para toda la familia: ningún teléfono celular en la mesa. Y ellos y sus esposas también siguen esta regla.

La hora de comer con Dios... en presencia de mis angustiadores

Cuando el rey David escribió: «Aderezas mesa», por supuesto, estaba diciendo que el Dios del universo es el anfitrión de esta comida.

En cuanto a la hora de comer con nuestro Buen Pastor, Charles

Spurgeon dijo: «Ninguna prisa, no hay confusión ni alteración, el enemigo está en la puerta, y sin embargo Dios prepara una mesa, y el cristiano se sienta y come como si todo estuviera en perfecta paz».[2] Sea que estés recién casado, que tu casa esté llena de pequeñitos o que tengas el nido vacío, toma un momento y vuelve a leer eso. Inserta la frase «la pareja cristiana» o «la familia cristiana» en lugar de la frase «el cristiano». Respira hondo y vuelve a leer.

PUEDES LLAMAR ENEMIGOS A TODAS LAS DISTRACCIONES DE UNA COMIDA PACÍFICA CON TU FAMILIA. PORQUE LO SON.

Lo último que Jesús hizo antes de su juicio y crucifixión fue disfrutar una cena tranquila con sus amigos más cercanos. Sus enemigos (cínicos, escépticos, críticos, Satanás mismo) estaban acechando justo afuera de la puerta, pero en ese momento la «mesa estaba puesta». Jesús estaba allí con sus amigos. Puedes llamar enemigos a todas las distracciones de una comida pacífica con tu familia. Porque lo son.

Al hambre le gusta la compañía

El Dios que nos creó pudo habernos dado cuerpos autónomos. Pero no lo hizo. Al contrario, fuimos diseñados para tener hambre. Más o menos cada cuatro horas, después de haber digerido por completo nuestra última comida, volvemos a tener hambre. Y a menudo este apetito por más comida nos inspira a convocar una reunión. «Reunámonos para almorzar», decimos a un amigo con quien estamos ansiosos de ponernos al día. O: «A Nancy y a mí nos gustaría recibir a tu familia para la cena».

Qué fascinante y maravilloso que anhelemos comer varias veces al día, y la mayoría de ocasiones satisfacemos estas ansias con amigos y familiares.

Cena en el hogar DeMoss

La silla para bebés en casa de Nancy y su don de hospitalidad fueron heredados de sus padres. Art y Nancy DeMoss (su madre también se llama Nancy) estaban tan convencidos del poder sagrado de las comidas que acogieron a *miles* de invitados en su casa de Filadelfia en la década de los setenta. Además de honrar a estos invitados con una comida elegante, el otro propósito de estas cenas era hablarles de cómo podían recibir la salvación por medio del amor, la misericordia y el perdón de Jesucristo.

Próspero hombre de negocios que se convirtió a Cristo a los veinte años de edad, Art DeMoss decidió que él y su esposa no podían hacer nada más importante que «disponer una mesa delante» de personas que no conocieran al Buen Pastor. Estas comidas eran legendarias.

Cuando murió de repente en una cancha de tenis en 1979 a los cincuenta y tres años de edad, Art DeMoss había sido capaz de llevar a decenas de miles de personas a Cristo. Muchas de ellas habían llegado a las cenas y mediante la hospitalidad y el audaz testimonio de DeMoss, habían conocido a Jesucristo como su Salvador. Si alguna vez una familia definió la palabra «legado», es esta.

Cena de bodas

Cuando le propuse matrimonio a Nancy en mayo de 2015 y ella declaró: «Sí, con todo mi corazón», comenzamos a hablar de nuestra boda. Según lo veíamos, teníamos dos alternativas. Podíamos huir a alguna isla desierta u organizar una boda en grande. La segunda opción prevaleció. En nuestra etapa de vida, ambos teníamos una encantadora y enorme colección de familiares y amigos, y queríamos «mostrar la belleza de Cristo». También estábamos ansiosos por mostrar a nuestros invitados a nuestro Buen Pastor, Aquel a quien la Biblia llama nuestro Novio. A las personas que creen en Él (la Iglesia) se les llama su Novia. Después de la ceremonia, todos disfrutamos una cena juntos.

NOS SENTAMOS AL LADO DE UN HERMANO Y FRENTE A UNA HERMANA. Y EN ESTA MESA NADIE ESTÁ DISTRAÍDO... NI TENTADO A MIRAR SU TELÉFONO INTELIGENTE.

Esta comida, a la que llamamos nuestra «Cena de bodas», no es una idea original nuestra. En su visión de los últimos tiempos, el apóstol Juan relata: «Y el ángel me dijo: Escribe: Bienaventurados los que son llamados a la cena de las bodas del Cordero» (Apocalipsis 19:9). Esta será la comida principal, compartida con millones que a lo largo de la historia han comprometido sus vidas en fe a Cristo.

Tú y yo estamos en buena compañía. Jesús también es el «Pastor de la cocina». Él nos da la bienvenida e invita a los suyos a la mesa, y nos reúne alrededor de ella. Nos deleitamos en su bondad, su misericordia y su gracia. Nos sentamos al lado de un hermano y frente a una hermana. Y en esta mesa nadie está distraído... ni tentado a mirar su teléfono inteligente.

Cuando el Buen Pastor está enojado

Llamados a ser pastores con el Señor como nuestro modelo, nos encontramos en un mundo imperfecto y pecador. Ocurren imprevistos. Se rompen cosas. Nos abatimos. Quedamos atrapados en el tráfico cuando ya estamos tarde para una reunión, comúnmente colegas confiables nos defraudan, nos dejamos derribar y estalla la ira (quizá furia).

Hace años en mi clase de escuela dominical, yo enseñaba sobre la carta del apóstol Pablo a los efesios. Eruditos bíblicos concuerdan en que el mensaje central de esta carta se resume en los dos primeros versículos del capítulo 5: «Sed, pues, imitadores de Dios como hijos amados. Y andad en amor, como también Cristo nos amó, y se entregó a sí mismo por nosotros, ofrenda y sacrificio a Dios en olor fragante». Esto se parece mucho a lo que estamos hablando, ¿verdad que sí? Pablo pudo haber escrito: «Andad en amor y vivid *como el Pastor*».

Un día, mientras preparaba la lección del domingo siguiente, este versículo se destacó en la página: «Airaos, pero no pequéis; no se ponga el sol sobre vuestro enojo, ni deis lugar al diablo» (Efesios 4:26-27). Me pregunté: *¿Se enoja Dios, y si es así, qué lo* *hace enojar?* Me pareció que tenemos permiso de enojarnos por las cosas que hacen enojar a Dios. ¿Muy justo? Sí.

Pero antes de dictar esa clase, debía hacer un viaje de negocios a Dallas. Tan pronto como me senté en el avión y me abroché el cinturón de seguridad, un joven en el asiento junto a mí me saludó y empezamos a conversar. Le dije que yo era escritor y maestro, y pronto me enteré que él estaba enamorado de una «mujer hermosa». En realidad, se dirigía a Dallas para informarles a los padres de la joven que él estaba mudándose con ella.

El joven observaba mi rostro al contarme que él y su novia estaban enamorados y que habían concluido que vivir juntos parecía «lo correcto». Lo observé mientras me miraba. Una pausa embarazosa, y entonces con mi pulso acelerado, manifesté: «Este es un problema».

Aturdido por lo que yo acababa de decir, se puso pálido y los ojos se le abrieron de par en par. Hablamos sin parar hasta que las ruedas nos dieron chirriando la bienvenida al aeropuerto internacional Dallas-Forth Worth. Y aunque no iba a ser capaz de convencerlo para que hiciera a un lado esta decisión, el sujeto pareció receptivo a lo que le estaba diciendo. Incluso me dejó hacer una breve oración con él mientras el avión rodaba hacia la puerta de desembarque. Oré que Dios le hablara.

UNA PAUSA EMBARAZOSA, Y ENTONCES CON MI PULSO ACELERADO, MANIFESTÉ: «ESTE ES UN PROBLEMA».

Más tarde, cuando repasaba la conversación en mi mente, me mantuve pensando: *Un hombre y una mujer hacen de lado su matrimonio para probarlo. Esto hace enojar a Dios.*

En mi viaje de regreso de Dallas a Orlando, mi compañera de asiento fue una mujer.

Hermosa y elocuente, parecía tener poco más de veinte años. Ella comenzó con las preguntas. Después de las de apertura: «¿A dónde se dirige?» y «¿Haciendo qué se gana la vida?», fue mi turno. La joven acababa de terminar sus estudios de posgrado y comenzaba su carrera con una gran empresa en el centro de la Florida.

Su novio vivía justo en las afueras de Orlando. Se habían conocido en una cita a ciegas algunos meses antes y ella iba a verlo. Bueno, en realidad se dirigía a Florida a vivir con él. Y pensé: *¿En serio? ¿Qué está pasando aquí? Esto claramente es una reminiscencia.*

Dejé que terminara de decirme lo maravilloso que era ese individuo. Y entonces dejó de hablar. Parecía que estaba ansiosa de oír lo que tenía que decir respecto a lo que ella había manifestado. Así que, repitiendo mi conversación con el joven en el vuelo a Dallas, con dulzura manifesté: «Este es un problema».

Como un Buen Pastor que se preocupa en gran manera por nosotros, Dios se enoja por el pecado. ¿Por qué? Porque sabe que, al igual que el cáncer, el pecado arruina su rebaño. El pecado aplasta a sus ovejas.

Temprano en la mañana del domingo, al dar los toques finales a mi lección, me llegó claramente la respuesta a mi pregunta hipotética de la semana anterior: ¿Qué hace enojar a Dios? Como un Buen Pastor que se preocupa en gran manera por nosotros, Dios se enoja por el pecado. ¿Por qué? Porque sabe que, al igual que el cáncer, el pecado arruina su rebaño. El pecado aplasta a sus ovejas.

Tú y yo tenemos de parte de Dios el permiso de enojarnos. Enfurecernos. Cuando las personas deciden actuar en maneras que en última instancia las perjudicará, las aplastará y las destruirá, nuestro Buen Pastor se molesta. No por Él, sino por nosotros.

«Responda, por favor»

Varios años después encontré algo más acerca del enojo de Dios en una historia conocida del Evangelio que nunca antes había observado. Está en la parábola de Jesús acerca de una gran cena:

> Un hombre hizo una gran cena, y convidó a muchos. Y a la hora de la cena envió a su siervo a decir a los convidados: Venid, que ya todo está preparado. Y todos a una

> comenzaron a excusarse. El primero dijo: He comprado una hacienda, y necesito ir a verla; te ruego que me excuses. Otro dijo: He comprado cinco yuntas de bueyes, y voy a probarlos; te ruego que me excuses. Y otro dijo: Acabo de casarme, y por tanto no puedo ir. Vuelto el siervo, hizo saber estas cosas a su señor. Entonces enojado el padre de familia, dijo a su siervo: Vé pronto por las plazas y las calles de la ciudad, y trae acá a los pobres, los mancos, los cojos y los ciegos (Lucas 14:16-21).

En esta parábola, el hombre (el Buen Pastor) es Cristo y su invitación se ha extendido a un mundo de ovejas. Pero todos los amigos invitados rehusaron asistir. Después de todo, son personas ocupadas. Apreciaron la invitación y les hubiera *gustado* asistir, de veras. Pero el ajetreo de la vida los ha acorralado y simplemente no pueden hacerlo.

Ahora, he aquí lo que observé por primera vez. En esta parábola, Jesús declara algo que casi nunca dice en los Evangelios: «Entonces enojado el padre de familia» (Lucas 14:21). Qué interesante. No nos sorprende que la ira de Dios se encienda al ver a su pueblo destruido por los estragos del pecado, cuando la desobediencia a sus preceptos traspasa el alma de los suyos. ¿Pero no ir a una cena? ¿Esto lo hace enojar? ¿De veras? Sí. Imagino que sí. ¿Pero por qué? Si me lo permites, intentaré contestar esta pregunta.

RECHAZAR LA INVITACIÓN DEL PASTOR A CENAR ES RECHAZAR SU OFRECIMIENTO DE GRACIA Y MISERICORDIA.

Cuando el rey David escribió: «Aderezas mesa delante de mí en presencia de mis angustiadores», no estaba describiendo un asunto espontáneo tipo: «Iremos a comer algo». Esta comida fue planeada antes que se diera vida al universo por medio de la palabra. Llegar a la mesa del Pastor es un asunto de vida o muerte. Hacemos caso omiso a la invitación a nuestro propio riesgo.

Rechazar la invitación del Pastor a cenar es rechazar su ofrecimiento de gracia y misericordia. Su vida y muerte nos aseguraron esto. Decir no a la invitación a esta cena no solo es un desliz social poco acertado. Es negar el oxígeno dador de vida cuando estamos muertos al igual que una piedra en el fondo del mar.

Los horarios de comida deben protegerse

Los cristianos deben seguir el ejemplo de nuestros amigos judíos y tratar como algo sagrado la hora de las comidas. Las oraciones que los padres han hecho en la cena de Pascua durante milenios incluyen este pasaje:

> Bienaventurado Tú, Señor, nuestro D--s,[3] Rey del universo, D--s benevolente, nuestro Padre, nuestro Rey, nuestro Poder, nuestro Creador, nuestro Redentor, nuestro Hacedor, nuestro Santo, el Santo de Jacob, nuestro Pastor. Pastor de Israel, el Rey que es bueno y nos hace bien todos los días. Él nos ha hecho, nos hace y nos hará lo bueno; nos ha otorgado, nos otorga y nos otorgará para siempre gracia, bondad y misericordia; alivio, salvación y éxito; bendición y ayuda; consuelo, sustento y nutrición; compasión, vida, paz y toda bondad; y ojalá nunca nos haga carecer de ningún bien.

AL SENTARNOS A LA MESA DE NUESTRO BUEN PASTOR, Y AL SENTARNOS COMO PASTORES PIADOSOS A LA MESA DE NUESTRA PROPIA FAMILIA, ESTAMOS MANTENIENDO A RAYA A NUESTROS ENEMIGOS.

Poco después que Nancy y yo comenzáramos a salir, supimos que teníamos algo precioso en común. Desde que éramos chicos, nuestros padres «sesionaban» a la hora de comer. Desde luego, ni Art DeMoss ni Sam Wolgemuth fueron demasiado exigentes en cuanto a esta tradición, pero ambos hombres conocían el valor de tener a todos sus hijos con las rodillas bajo la misma mesa, comiendo, hablando y disfrutando mutuamente.

Ellos se esforzaron en hacer de sus cenas

familiares una prioridad máxima. Cuando recién me casé en 1970, llevé esta tradición a mi hogar. Aunque solo éramos Bobbie y yo, consumir nuestras comidas a toda prisa se sentía mal, incluso algo sacrílego. Cuando vinieron nuestras hijas, mantuvimos viva la tradición, y ahora la costumbre continúa en sus hogares. Ellas, sus esposos y sus familias te dirán lo especiales y sagrados que son esos tiempos.

Un repaso rápido a esos angustiadores

El escritor de Salmos 23 era un pastor, un guerrero y un rey, así que sus enemigos deben haber sido diversos, y muchísimos. Al sentarnos a la mesa de nuestro Buen Pastor, y al sentarnos como pastores piadosos a la mesa de nuestra propia familia, estamos manteniendo a raya a nuestros enemigos. No estamos sucumbiendo a sus acechanzas y planes. Nuestros angustiadores, igual que los de David, susurran en nuestros oídos: «Oye, estás ocupado. No es necesario sentarte con tu esposa y tus hijos. Solo agarra algo a toda prisa. Habrá otra ocasión. Ellos entenderán».

Tú y yo somos los pastores de nuestras cocinas y nuestras horas de comer, de nuestras esposas y nuestro rebaño. No debemos eludir este privilegio.

Debemos dirigir con humildad. Debemos dirigir con fidelidad. Debemos dirigir bien.

Mantente firme... No te sueltes

Podrían acusarme de dar demasiada importancia a las horas de las comidas. No me importa. Tomaré las críticas con calma. Soy bueno con las «adversidades». Porque esto es cierto. Es correcto.

Nuestro Buen Pastor prepara una mesa para nosotros con Él. Y nosotros hacemos lo mismo con nuestras esposas y familias.

Un comentario final respecto a la comida

Aunque en este capítulo hemos hablado principalmente de horarios de comida y alimentos, hay más en la comida que satisfacer el paladar. «SEÑOR, tú eres mi alimento, lo único que poseo de valor y la copa de la que bebo. ¡Mi futuro está en tus manos!» (Salmos 16:5, PDT).

Nuestro oficio como pastor es incluir a Dios en la conversación de la cena. Por supuesto, toda comida debería empezar con agradecer a tu Padre celestial por su provisión. Otras maneras de incluir a Dios pueden ser tan intencionales como leer la Biblia o un libro devocional. O podría ser un momento espontáneo sobre: «¿No es Dios increíble?», debido a algo extraordinario que sucedió ese día.

El rey David se refirió al Buen Pastor como «mi herencia, mi copa, mi precio». ¿Quién no querría esto en el menú?

DOCE

UN PASTOR ANIMA A SUS OVEJAS

Unges mi cabeza con aceite.

—SALMOS 23:5

La instrucción hace mucho, pero el aliento lo hace todo.

—JOHANN WOLFGANG VON GOETHE

Hay una expresión en el fútbol americano, «bloquear y atajar». Es probable que la hayas oído aunque nunca hayas jugado. Tú mismo podrías haber usado esta expresión.

Las tareas bonitas en el fútbol americano implican correr con el balón, lanzarlo y recibir pases. El éxito en estas posiciones te coloca en los titulares y en los atractivos pagos de los recolectores de información. Por otra parte, los diestros en bloquear y atajar pueden recibir un golpe en la espalda y un «buen chico» de parte del entrenador después del partido, una expresión de aprecio mientras atiende músculos adoloridos y mordeduras en los antebrazos.

Tu principal tarea como miembro de la «primera línea» es proteger de los presumidos que están pasando y corriendo. Eres responsable de lo básico. Lo fundamental. Bloquear y atajar. No te preocupes. Aunque puedes creer que acabamos de dejar a nuestro pastor de pie en su bata de baño fuera del campo, no estamos dejando la gran idea de pastorear. Verás lo que quiero decir en un momento.

Tus tres amigos

En mayo de 2005, mi alma mater, la Universidad Taylor, me otorgó un doctorado honorario, un reconocimiento que viene con el privilegio de dirigirse a la audiencia en las ceremonias de graduación. Mi reto para los graduados, esa soleada tarde en el estadio de fútbol americano (¿ves la relación con el fútbol?), fue bastante fundamental. Bloquear y atajar, podrías decir. Sin mucho encanto, pero poderosamente importante.

«Ahora que ustedes están saliendo de la universidad y se van por su cuenta —comencé—, deben empezar a buscar tres personas distintas para que sean parte de sus vidas. Necesitan un "Pablo", un "Timoteo" y un "Bernabé"». Todos necesitan de alguien que les enseñe e instruya. Mirando al profesorado de Taylor reunido, les agradecí por ser Pablos en las vidas de los estudiantes. Volviéndome a los estudiantes, expresé: «Pero ahora que están graduándose van a tener que reemplazar en sus vidas al menos a una de estas personas: Pablo».

Continué: «En segundo lugar, necesitan un Timoteo, alguien en quien tengan la oportunidad de verter su vida». Si estos alumnos dirigieron un estudio bíblico en el campus o tuvieron la oportunidad de tutelar a un estudiante joven, tuvieron su Timoteo. Pero ahora que estaban saliendo del campus, tendrían que encontrar a alguien más.

Por último, todo el mundo necesita un Bernabé. «Mira a tu alrededor —sugerí—. ¿Cuál de tus compañeros de clase ha sido para ti un Bernabé, un animador? ¿Quién te ha levantado cuando estabas caído? ¿Quién te brinda una dosis fresca de bondad y gracia cada día? Podrías estar dirigiéndote a tu boda. Esto parece suceder a muchos de los egresados». Algunas risas surgieron de debajo de los birretes y pensé: *Si eres tú, espero que estés casándote con tu animadora, tu Bernabé.*

Los egresados no son los únicos que necesitan un Pablo, un Timoteo y un Bernabé en la vida. Todos los necesitamos, especialmente los que somos llamados a ser pastores.

Pablo

Sabemos bastante de la vida de Saulo de Tarso, un fabricante de tiendas y fariseo que, con nuevo nombre y nueva pasión, se convirtió en el Apóstol de los gentiles. Gran parte del Nuevo Testamento fue escrito por él o acerca de él. Judío bien educado y celoso, odiaba la nueva secta dedicada a Jesús de Nazaret y persiguió a sus seguidores. Entonces, en el camino a Damasco, un gran destello de luz derribó a Saulo al suelo. Viendo a Jesús y oyendo su voz, Saulo experimentó la conversión más famosa de la historia, siguiendo con tenacidad a su nuevo Señor por el resto de su vida.

Pablo, según llegó a conocerse, fue un guerrero viajero. Ayudó a fundar y edificar iglesias por todo el Asia Menor, llevando finalmente su ministerio a Roma, donde fue brutalmente martirizado por causa de Cristo.

Al leer los Hechos de los apóstoles y las cartas de Pablo, te encuentras con un nombre tras otro de hombres y mujeres a quienes Pablo tuteló, y por supuesto que hay muchísimos más cuyos nombres no se registraron. Qué historias podría narrar cada uno de estos seres acerca de que fuera Pablo quien los llevó a Cristo. Si te crees ocupado, imagina ser responsable de la lista de Pablo de cosas por hacer. No obstante, él encontró tiempo para enseñar, guiar y formar a cada persona de modo individual, edificando la primera generación de la iglesia.

Tú y yo necesitamos un Pablo.

Timoteo

Otra manera de presentar a este hombre importante llamado Timoteo es decir que fue uno de los individuos que tuvo un Pablo en su vida. En realidad, tuvo *al* Pablo en su vida. Timoteo fue uno de los protegidos del apóstol. Él era un suplente, un discípulo de Pablo. Todo el mundo necesita un Timoteo, alguien en cuya mente, corazón y vida pueda verter la verdad guiada y conformada por la experiencia, las victorias y los fracasos.

EL GRAN BENEFICIO DE SER EL MAESTRO ES QUE APRENDES MUCHO MÁS DE LO QUE APRENDERÁN LOS ESTUDIANTES.

He tenido el privilegio de enseñar en la escuela dominical desde 1969. Un aficionado laico que me paro con mi Biblia abierta al frente y hago todo lo posible por ayudar a otros a entender lo que las Escrituras tienen que decir. Según sabes, el gran beneficio de ser el maestro es que aprendes mucho más de lo que aprenderán los estudiantes. Las personas que han asistido a mis lecciones, mis Timoteos, han sido necesarias para que yo me tome en serio el estudio de la Palabra de Dios. Y el Señor me ha concedido el privilegio de reunirme uno a uno con algunos de los Timoteos para desayunar o almorzar. Todos estos hombres han sido un regalo para mí.

El Timoteo en tu vida puede necesitarte como su maestro artesano; pero en muchas maneras tú lo necesitas aún más de lo que él te necesita.

Bernabé

Uno de los primeros seguidores de los apóstoles fue un hombre llamado José, quien debió haber desempeñado un papel importante en la iglesia recién nacida porque lo apodaron Bernabé, que significa: «Hijo de consolación» (Hechos 4:36). Esto me lleva de nuevo a esos ansiosos graduados de último año. Si yo hubiera levantado mi voz a «nivel de tele evangelista», les habría implorado: «Si estás perdiendo a tu "amigo animador", encuentra un Bernabé... ¡y rápido!».

En el capítulo tres conté la historia de mi mudanza a Michigan desde Florida. Un viudo de sesenta y siete años de edad. Hice esto porque estaba enamorado de Nancy y no quería que mi futura esposa desarraigara su vida, aunque ella lo hubiera hecho con mucha alegría. Yo sabía que fui llamado a hacer este desplazamiento. Dejé atrás a un Pablo y a unos cuantos Timoteos en Florida central, y allí también había un montón de Bernabés. Pero me mudé porque estaba a punto de casarme con una Bernabé. Mi propia Bernabé. Una mujer de estímulo y apoyo.

Y supe exactamente qué era estar casado con una Bernabé.

He perdido mi entrenadora y animadora

En las semanas que siguieron a la muerte de Bobbie en 2014, pasé muchas noches solo en la oscuridad de mi sala de estar. Me sentaba en el sofá verde, frente al rincón del sillón rojo que perteneció a mi esposa. Ella se sentaba allí a leer su Biblia, orar y escribir en su diario decenas de miles de palabras. Fue el sillón donde se sentaba mientras yo me arrodillaba a su lado durante los últimos meses de su vida antes que los hombres del centro de cuidados paliativos se esforzaran por hacer entrar una enorme cama de hospital a nuestra casa.

En esas primeras semanas, el dolor y la pérdida pendían como una nube amenazadora y tenebrosa en un día de primavera en Florida. Entonces, tarde una noche, un pensamiento me invadió con tanta fuerza que lo dije en voz alta: «He perdido a mi entrenadora y animadora». Y una línea de una canción de Joni Mitchell se me escabullo en la cabeza: «No siempre parece irse / Que no sabes lo que tienes hasta que se ha ido».

Siempre había tratado de apreciar lo que tenía en mi matrimonio con una mujer extraordinaria, pero en la espesa negrura de esa noche me di cuenta de que a menudo había dado por sentado el apoyo de Bobbie. No aprecié de veras lo que yo tenía y ahora se había ido.

Oh mi hombre, lo amo tanto

A veces, durante los cuarenta y cuatro años de nuestro matrimonio, cuando después de un largo día en la oficina entraba a la cocina, maletín en mano, Bobbie me saludaba con una canción de *Funny Girl*, poniéndome los brazos alrededor del cuello mientras cantaba:

> Oh, mi hombre, lo amo tanto,
> Él nunca lo sabrá
> Toda mi vida fue solo desesperación
> Hasta que allí estuvo.[1]

¿Cómo asumió esta mujer el papel de mi animadora personal? Yo di el primer paso. ¿Y de qué manera podía saber cómo sería esta animadora? Mi madre me enseñó.

Cuando papá venía del trabajo a casa, mi madre dejaba lo que estuviera haciendo y lo saludaba en la puerta trasera. Ella no cantaba su saludo, aunque tenía una voz preciosa. Recibía en casa a su marido con un abrazo, un beso y un «qué bueno verte, Samuel. ¿Cómo transcurrió tu día? Te amo».

Grace Wolgemuth fue una Bernabé para papá. Lo animaba. Las expresiones de amor y las palabras de bondad en ella lo convirtieron en el hombre que el mundo conoció y amó. Como líder de un ministerio internacional de jóvenes, mi padre hablaba ante audiencias de miles, a menudo invitando a mi madre a pararse a su lado mientras la presentaba. La llamaba «Grace [gracia] a mi lado». Yo diría que ella lo era.

> **MI MADRE PASÓ MI INFANCIA EN LAS TRIBUNAS, ANIMANDO A SU HIJO.**

Mi madre también fue una animadora para mí. Durante mi crecimiento, papá me enseñó lo que significa seguir a Cristo, modelando integridad y carácter sólido. Pero mi madre pasó mi infancia en las tribunas, animando a su hijo. Era como si ella estuviera gritando: «Vamos, Robert, ¡estoy apostando por ti! Tú puedes hacerlo». Y a veces lo logré.

Debido a que vi tan bien modelado a Bernabé y a que Bobbie no había visto mucho de esto cuando era joven, decidí dar el primer paso.

En primera fila, animando

En 1975, poco después que nuestra segunda hija naciera, a Bobbie le ofrecieron una oportunidad de convertirse en «estrella de canto evangélico». Ella tenía una voz tan clara, fuerte y fascinante como otras mujeres que triunfaban en grande en la música cristiana, y tenía la correspondiente presencia escénica. Una cinta de demostración y una conversación con un productor nos hicieron saber que mamá sería recompensada espléndidamente si daba este paso.

«¿Qué debo hacer?», me preguntó tarde una noche. Nos arrodillamos y oramos en la sala de nuestra casita en Glenview, Illinois. La mañana siguiente hablamos.

«Tienes una voz increíble —le dije durante el desayuno—. Si el Señor te llama a hacer esto, haré todo lo posible por animarte y ayudarte a que se haga realidad». Como animador de Bobbie, y dado el ejemplo y el testimonio de mi propia madre, di el primer paso. Como puedes imaginar, al haber recibido ánimo, ella misma se convirtió en una animadora, y su estímulo generoso se convirtió en el regalo más significativo que pudo obsequiarme.

El gen de Bernabé: Herencia alentadora de Nancy

Hoy día estoy casado con una mujer que también comprende el poder de una palabra de estímulo dada y recibida. Nancy recibe correos electrónicos, notas y palabras bondadosas y apoyo de todo el mundo. Y ella va primero, pues muchas veces he llevado al buzón montones de notas de ánimo escritas a mano por Nancy, y a menudo las personas corresponden.

Como es evidente, Nancy heredó esta habilidad de su madre, quien fue una Bernabé para *su* pastor, su esposo. No tienes que creer mi palabra, porque tengo una carta que la esposa de Art DeMoss escribió a uno de los nuevos empleados de él. Dice así:

> Aunque no hablo en público de esto por razones obvias, estoy casada con un hombre realmente único, que es a la vez piadoso y genial, totalmente comprometido en hacer la voluntad de Dios (a cualquier costo), absolutamente confiable, muy transparente (nunca es necesario leer «entre líneas»), padre y esposo dedicado (¡también emocionante!), alguien que estimula el crecimiento en todos nosotros (mientras constantemente está imponiéndose retos a su crecimiento mental y espiritual), ¡un amigo leal y tan lleno de amor que a veces no es posible recibirlo todo!
>
> Después de decir todo esto, pareciera que Art es perfecto. Desde luego que eso no es verdad, como ambos lo sabemos. Sin embargo, sinceramente creo que la única razón de que Dios haya confiado tanto talento y tesoro en Art es que el Señor sabía que se trataba de un hombre en quien se podía confiar.
>
> Aunque él *es* todo lo que describí (¡y mucho más!), también es sumamente humilde.
>
> Supongo que esto me hace parecer ingenua o poco realista, o terriblemente parcial. Pero después de veintiún años de vivir con este hombre, creo de veras que soy la mujer más singularmente bendecida del mundo.

COSIDO AL ADN DE NANCY HAY UN GEN DE BERNABÉ. SU MADRE ANIMABA A SU ESPOSO. NANCY HEREDÓ ESTE DON, Y AHORA YO SOY EL BENEFICIARIO AGRADECIDO.

Dos semanas después que se escribiera esta carta, Art DeMoss murió de un ataque cardíaco. Sea que él supiera o no acerca de esta esquela particular, refleja una profunda admiración que debió haber tocado cada aspecto del matrimonio que tenían.

Cuando Nancy me hizo conocer acerca

de esta carta de su madre, escribió: «Robert, mientras seguimos orando y discerniendo la voluntad de Dios para nuestro matrimonio y futuro, deseo ser para ti todo lo que el Señor ha querido que yo sea, como esposa, amiga, animadora, compañera y amante». Cosido al ADN de Nancy hay un gen de Bernabé. Su madre animaba a su esposo. Nancy heredó este don, y ahora yo soy el beneficiario agradecido.

He aquí un secreto importante. Un esposo tiene el privilegio de dar el primer paso: ser un Bernabé para su esposa. El estímulo que ofrece llena el corazón de su mujer. Cualquier cosa más que le provea como pastor, ella sabe que él será un animador. Pregúntale a tu esposa si el ánimo que le brindas significa algo para ella. Te lo dirá.

Unges mi cabeza con aceite: Recibir estímulo para una tarea especial

Los pastores protegen sus rebaños del sol, de parásitos mortales y de serpientes e insectos poniéndoles aceite en la cabeza y untándoselo en la lana. En el Antiguo Testamento vemos cómo este ritual práctico adquirió un significado profundo entre el pueblo escogido.

TÚ ERES EL SACERDOTE TERRENAL DE TU ESPOSA. DIOS TE HA DADO AUTORIDAD PARA UNGIRLA SIMBÓLICAMENTE CON ESTÍMULO Y CON TUS PALABRAS DE BENDICIÓN.

Al instruir a Moisés acerca de la consagración de Aarón, el primer sacerdote del pacto, Dios le dijo: «Luego tomarás el aceite de la unción, y lo derramarás sobre su cabeza, y le ungirás» (Éxodo 29:7). Los reyes de Israel también eran ungidos con aceite, comenzando con Saúl (1 Samuel 10:1). Cuando el muchacho pastor David fue presentado al profeta Samuel, «Jehová dijo: Levántate y úngelo, porque éste es. Y Samuel tomó el cuerno del aceite, y lo ungió en medio de sus hermanos; y desde aquel día en adelante el Espíritu de Jehová vino sobre David» (1 Samuel 16:12-13).

A lo largo de las Escrituras, cuando Dios llamaba a alguien a una misión especial, el sacerdote o profeta lo ungía con aceite, un símbolo de su vocación.

Tú eres el sacerdote terrenal de tu esposa. Dios te ha dado autoridad para ungirla simbólicamente con estímulo y con tus palabras de bendición. La sostienes y oras por ella. Y no tienes que pedir permiso para hacerlo, «porque el marido es cabeza de la mujer, así como Cristo es cabeza de la iglesia, la cual es su cuerpo, y él es su Salvador» (Efesios 5:23).

Las implicaciones de esto son asombrosas. Dios te ha dado la responsabilidad y el privilegio de ser el líder espiritual, el sacerdote, de tu matrimonio.

No se necesita comité de búsqueda

Una vez serví como presidente del comité de nominación de pastor de mi iglesia cuando buscábamos en todo el país un nuevo ministro principal. Revisar todas esas hojas de vida fue una ardua tarea. Sin embargo, no hay necesidad de que un comité de búsqueda encuentre el líder espiritual adecuado para tu hogar. ¿Por qué? Porque *tú* eres ese líder. Dios te ha otorgado la responsabilidad de ser el sacerdote de tu familia al igual que Job, un sacerdote familiar en el Antiguo Testamento que a veces pasamos por alto.

«Acontecía que habiendo pasado en turno los días del convite, Job enviaba y los santificaba, y se levantaba de mañana y ofrecía holocaustos conforme al número de todos ellos. Porque decía Job: Quizá habrán pecado mis hijos, y habrán blasfemado contra Dios en sus corazones. De esta manera hacía todos los días» (Job 1:5).

Aunque el libro de Job aparece en la Biblia después de los libros históricos, la mayoría de eruditos cree que se escribió durante un período anterior, antes que a los sacerdotes de la familia judía de Leví les asignaran el deber de dirigir la adoración del pueblo de Dios. Así que Job, un «hombre perfecto y recto» (1:1), tenía la responsabilidad de ser el «sacerdote» para su esposa y familia. Antes que hubiera profesionales para cumplir este deber, hubo el padre de familia.

Además de Job, hubo el gran constructor del arca y «pregonero de justicia» (2 Pedro 2:5). Él es uno de mis personajes bíblicos favoritos.

«Edificó Noé un altar a Jehová, y tomó de todo animal limpio y de toda ave limpia, y ofreció holocausto en el altar. Y percibió Jehová olor grato; y dijo Jehová en su corazón: No volveré más a maldecir la tierra por causa del hombre; porque el intento del corazón del hombre es malo desde su juventud; ni volveré más a destruir todo ser viviente, como he hecho» (Génesis 8:20-21).

Noé fue el sacerdote de su familia, un esposo y padre común y corriente con un amor extraordinario por Dios y un corazón obediente. «Noé, varón justo, era perfecto en sus generaciones; con Dios caminó Noé» (Génesis 6:9). Al igual que Job, es probable que Noé llevara a su esposa y su familia al altar con el propósito de guiarlos al arrepentimiento y la adoración.

ES PROBABLE QUE NOÉ LLEVARA A SU ESPOSA Y SU FAMILIA AL ALTAR CON EL PROPÓSITO DE GUIARLOS AL ARREPENTIMIENTO Y LA ADORACIÓN.

Durante siglos, hasta que Moisés recibió los Diez Mandamientos en el monte Sinaí después que Dios liberara de Egipto a los israelitas, los padres asumieron el papel de sacerdotes de sus hogares. Es más, la primera celebración de la Pascua que salvó a los hijos de Israel de la décima plaga, la muerte de los primogénitos, se realizó *en todo hogar*. Fue como si los hogares judíos comunes se convirtieran en iglesias en casa.

En el Antiguo Testamento, Dios es nuestro Buen Pastor. En el Nuevo Testamento, Jesucristo, el Hijo perfecto de Dios, vino a la tierra como nuestro Pastor-Sacerdote.

«Teniendo un gran sumo sacerdote que traspasó los cielos, Jesús el Hijo de Dios, retengamos nuestra profesión. Porque no tenemos un sumo sacerdote que no pueda compadecerse de nuestras debilidades, sino uno que fue tentado en todo según nuestra semejanza, pero sin pecado. Acerquémonos, pues, confiadamente al trono de la gracia, para alcanzar misericordia y hallar gracia para el oportuno socorro» (Hebreos 4:14-16).

El apóstol Pedro explica que nosotros participamos del sacerdocio de Cristo: «Vosotros sois linaje escogido, real sacerdocio, nación santa, pueblo adquirido por Dios» (1 Pedro 2:9). Pedro no estaba dando conferencias en un seminario cuando escribió estas palabras; estaba hablando ante gente común y corriente como tú y yo.

Unges mi cabeza con aceite: La presencia del Espíritu Santo

Cumpliendo su llamado como nuestro Buen Pastor, Jesús nos unge con aceite a ti y a mí, sus ovejas. Cuando confiamos en Él como nuestro Salvador, nuestro Pastor, Él nos llena con su Espíritu Santo y nos da una comisión. «Pero vosotros tenéis la unción del Santo, y conocéis todas las cosas» (1 Juan 2:20). Como pastores terrenales de nuestra esposa, tenemos el gozo de guiarla hacia la misma experiencia de unción con su Buen Pastor. ¿Qué mayor estímulo podría encontrar ella que la presencia de Dios?

Poco después que Bobbie y yo nos casáramos en 1970, alguien nos animó a orar juntos todas las noches antes de acostarnos. En esta oración yo animaría a mi esposa y pronunciaría una bendición sobre ella, invitando a nuestro Pastor a cuidar nuestro descanso esa noche. Bobbie rara vez perdía la oportunidad de agradecerme por tomar el tiempo para hacer esto.

A NANCY LE ENCANTA CUANDO ORO CON ELLA EN LA NOCHE Y SIEMPRE ME AGRADECE. LUEGO, ANTES DE DORMIRNOS, SUSURRA: «QUE EL SEÑOR BENDIGA TU SUEÑO».

Ahora a Nancy le encanta cuando oro con ella en la noche y siempre me agradece. Luego, antes de dormirnos, susurra: «Que el Señor bendiga tu sueño».

Cada noche tengo el privilegio, y la responsabilidad de pastor, de ungir a mi esposa con el aceite protector del Espíritu Santo por medio de la oración. Esto invita al Señor a estar presente y es un estímulo para ella. Es mi deber hacerlo. Es un honor para mí.

¿Una misión difícil para ti?

La idea de orar juntos puede parecerte extraña. Quizá nunca viste a tus padres hacer algo así, por lo que no tienes un modelo a seguir. O tal vez no te gusta la idea de orar en público, aunque tu esposa sea tu única «audiencia». Esta no ha sido una lucha para mí porque muchas veces oí a papá orar en público, algo por lo que estoy agradecido, pero sé cuán retador puede ser esto para algunos hombres. Tal vez para ti.

Después de la reunión de domingo en la gran iglesia a la que asistía en Nashville, cuatro diáconos caminaban por el pasillo central y presentaban los diezmos y las ofrendas al frente del salón, donde uno de ellos hacía una oración de bendición. El culto era transmitido en vivo al centro de Tennessee, por lo que la oración del diácono era oída por miles de adoradores. Por lo general, le avisaban con una semana de anticipación, y la mayoría de las veces tenía su oración escrita en un pedazo de papel sobre las bandejas de las ofrendas.

Un domingo me hallaba entre este cuarteto de ujieres. Cuando nos disponíamos a iniciar el proceso de recorrer el pasillo central con las «canastas de generosidad», uno de los diáconos le susurró a otro: «Tienes la oración esta mañana, ¿verdad?». Los ojos del pobre hombre se abrieron y su rostro palideció. Cuando el bromista se dio cuenta de que su travesura había logrado más que el efecto buscado, sacó la oración escrita de su bolsillo y con un guiño la puso en lo alto de su propia bandeja de las ofrendas. «No hay problema —susurró—. Yo la tengo». Cómico ahora; no tanto entonces.

LOS AMIGOS SON UNA BUENA IDEA. PUEDEN SIGNIFICAR SEGURIDAD.

Orar en voz alta quizá no te resulte natural, aunque solo se trate de un pastor y su oveja. Está bien. Hay herramientas para ayudarte.

Cuando una pareja de nuevos creyentes nos habló a Nancy y a mí de su fuerte aprensión acerca de orar juntos, compramos dos ejemplares de *Dos corazones orando como uno*, de Dennis y Barbara Reiney, uno para nosotros y otro para ellos. Más o menos durante el próximo mes, los cuatro leímos juntos este libro, ellos en Florida y nosotros en Michigan. Incluso para veteranos, este pequeño libro proporciona un modelo encantador y fácil de seguir para orar juntos.

Unges mi cabeza con aceite: Sanidad

Si de joven fuiste a un campamento de verano, tal vez recuerdes el «amiguismo», que es especialmente importante si hay un lago en el campamento. Hace muchos años, cuando trabajaba con jóvenes, me hallaba visitando posibles lugares para un campamento de verano de secundaria. En uno de ellos, el agua estaba agitada con chicos jóvenes. Sonoras carcajadas y gritos de alegría resonaban entre los enormes árboles que rodeaban el lago. Entonces, uno de los socorristas, encaramado en un puesto elevado, hizo sonar su silbato y gritó a través de un megáfono: «¡Amigos! ¡Amigos! ¡Amigos!».

A TU ESPOSA TAL VEZ NO LE GUSTE MUCHO QUE LA APODEN «AMIGA», PERO ESTO ES LO QUE ES PARA TI. TÚ ERES EL PASTOR Y ELLA ES TU OVEJA, TU COMPAÑERA, TU AMIGA.

Al instante, cada uno de los muchachos comenzó a buscar a su amigo asignado con anticipación. Y cuando se encontraban entre sí, igual que cuando el árbitro levanta la mano del ganador al final de un combate de boxeo, permanecieron en silencio con las manos entrelazadas en el aire. Cuando cada chicho había encontrado a su amigo, y el agua se había calmado, el socorrista hacía sonar otra vez el silbato y el caos se reanudaba.

Los amigos son una buena idea. Pueden significar seguridad.

Uno de mis pasajes favoritos en los Evangelios se encuentra en Marcos 6. Los discípulos habían pasado por sanidades, rechazo y control de masas, todo en un día de trabajo mientras viajaban con el Mesías. Entonces Jesús convoca a sus doce para una reunión de estrategia y los envía «de dos en dos» (6:7), el amiguismo. Algunos versículos después, Marcos relata los resultados de la incursión misionera de los discípulos: «Y echaban fuera muchos demonios, y ungían con aceite a muchos enfermos, y los sanaban» (6:13).

A tu esposa tal vez no le guste mucho que la apoden «amiga», pero esto es lo que es para ti. Tú eres el pastor y ella es tu oveja, tu compañera, tu amiga. Verbalmente la bendices con el recordatorio del suntuoso aceite del Espíritu Santo de Dios, y el alma de ella es sanada.

El poder de dos

Ha habido muchos duetos memorables en la historia musical (Mozart y Da Ponte, Gilbert y Sullivan, Rodgers y Hammerstein), pero ninguno con más éxito que John Lennon y Paul McCartney, cuyas brillantes canciones llevaron a los Beatles a vender dos mil trescientos millones de álbumes en todo el mundo. Es verdad que cada uno de ellos era creativo por su cuenta (después que Lennon compusiera «Campos de fresas» durante un viaje a la España rural en 1966, McCartney devolvió la descarga en unos días con «Penny Lane»), pero fue la asociación lo que proporcionó la magia. «Las diferenciaciones son una buena manera de presentarnos ante un dúo creativo. Pero lo que importa es cómo se juntan las partes», escribe Joshua Wolf Shenk. La música de Lennon y McCartney se originaba como «hebras individuales» que se retorcían «en una doble hélice que se fortalecía mutuamente».[2]

Shenk cita el principio de «reparación» del experto en matrimonios, doctor John Gottman, «un regreso a la fortaleza de una asociación que templa los efectos de sus debilidades». El apóstol Santiago expresó la misma idea con anterioridad: «Confesaos vuestras ofensas unos a otros, y orad unos por otros, para que seáis sanados. La oración eficaz del justo puede mucho» (Santiago 5:16). Tu matrimonio es una sociedad de personalidades dispares, y la manera de hacer que tal sociedad funcione es la confesión mutua y la oración combinada de dos personas que han sido justificadas por la sangre de Cristo. El resultado es un matrimonio poderoso y sanado.

Sin duda tu matrimonio puede ser una representación impresionante del poder de dos.

TRECE

UN PASTOR SATISFACE LAS NECESIDADES DE SUS OVEJAS

Mi copa está rebosando.

—SALMOS 23:5

El Domingo de Ramos es un día de celebración para los cristianos. Tal vez tu iglesia, igual que la mía, provea a los niños pequeños con ramas de palma para la procesión mientras la congregación entona en voz alta «Hosanna». Pero no hubo celebración de Domingo de Ramos para mí en el 2015.

Nancy y yo habíamos estado escribiéndonos por dos meses. Nuestra primera «cita» de noventa minutos se llevó a cabo en la oficina de un amigo en el centro de Chicago. Nos habíamos conocido profesionalmente durante una docena de años, pero ahora estaba reuniéndome con ella por primera vez como su amigo y posible novio. En esa reunión decidimos comenzar a escribirnos para «ver a dónde el Señor podría llevar nuestra relación».

Mientras orábamos y buscábamos consejo piadoso, decidimos tomar las tres semanas que precedieron la Pascua como un tiempo para ayunar y orar respecto a la dirección del Señor para nuestro futuro y para saber si debíamos estar juntos.

EN ESOS VEINTIÚN DÍAS, ESTA RUTINA SE CONVIRTIÓ EN UNA ATESORADA VISITA PERSONAL AL TRONO.

El Domingo de Ramos marcó el final de la segunda semana de nuestro ayuno. Yo nunca había pasado tanto tiempo sin almorzar o cenar, pero me pareció un tiempo agradable de humillarme delante del Padre y buscar su voluntad. Durante la hora de almuerzo me ponía de rodillas junto a un pequeño sillón en mi alcoba con mi Biblia, un himnario, un diario y un libro devocional. En esos veintiún días, esta rutina se convirtió en una atesorada visita personal al trono.

Pánico en el Domingo de Ramos

El Domingo de Ramos desperté temprano, y mi primer pensamiento consciente fue de temor, casi de pánico. Sentí como si hubiera regresado a la universidad, frente a un examen importante para el cual no estaba preparado. Pero no tenía idea por qué.

Hice café y tomé mi Biblia en un año, mi diario y una barra de proteína. Después de casi una hora de estudiar, escribir y orar, me alisté para ir a la iglesia. Pero el dolor en mi alma no se iba. Al conducir a la iglesia, no podía quitarme esta angustia, por mucho que lo intentara.

Con la mente dándome terribles vueltas, casi ni me fijé en el culto de Domingo de Ramos. Mi corazón estaba acelerado. Me sentí como si hubiera robado mercancía de una joyería y estuviera esperando que me arrestaran, o como si estuviera sentado en primera clase de un avión con un boleto de autobús en el bolsillo, esperando que la azafata me pidiera mi boleto de embarque. Quizá hayas tenido esta misma sensación.

Después de la iglesia fui directo a casa. Sin detenerme a quitarme la ropa de domingo, aflojé la corbata y fui directo al trono. Abrí la Biblia en Juan 21: «Cuando hubieron comido, Jesús dijo a Simón Pedro: Simón, hijo de Jonás, ¿me amas más que éstos? Le respondió: Sí, Señor; tú sabes que te amo. Él le dijo: Apacienta mis corderos» (21:15).

En lo que pudo haber sido la primera reunión registrada en la historia de la clase «Ven a Jesús», el Señor estaba charlando con Pedro, la primera reunión que tuvieron desde la traición de Judas, la negación de Pedro, y el juicio, la crucifixión y la resurrección de Jesús. Mirando directamente al rostro del más franco de los discípulos, Jesús le preguntó a Pedro: «¿Me amas más que éstos?».

De buenas a primera, tales palabras irradiaron luz sobre las emociones paralizadas que había estado experimentando desde que abrí los ojos esa mañana. Durante varias semanas mi corazón se había saturado de mi amor por Nancy, lo cual era correcto y bueno. Sin embargo, ¿había permitido que este amor eclipsara mi amor por Cristo? ¿Qué tal que Jesús me preguntara: «¿Me amas más que a Nancy?».

«No —expresé en voz alta—. No, no te amo más».

A RAÍZ DE LOS MESES MÁS AGITADOS DE MI VIDA, HABÍA PERMITIDO DESCUIDADAMENTE QUE MIS EMOCIONES SACARAN LO MEJOR DE MÍ. Y AL HACERLO, ESTABA PECANDO.

A raíz de los meses más agitados de mi vida, había permitido descuidadamente que mis emociones sacaran lo mejor de mí. Y al hacerlo, estaba pecando. Ese día no traté de afinar mis pensamientos. No resolví hacer todo lo posible por volver a poner al Señor en su lugar legítimo en mi corazón. No, confesé como pecado prioridades sesgadas y me arrepentí. «Perdóname —oré con lágrimas en los ojos—. Quiero amarte más. Sí te amo más. Este es tu lugar legítimo».

En mi diario escribí: «Nancy no pertenece al trono de mi vida. Esto está levantando expectativas más allá de su capacidad de satisfacer mis necesidades. Si la coloco donde no pertenece, ella fracasará». Entonces escuché la «tranquila vocecita» de Cristo tan claramente como si hubiera estado sentado con Él en la playa como Pedro: «Alimenta mi oveja».

EL PASTOR EN UN MATRIMONIO DEBE ENTENDER LO QUE SU ESPOSA REALMENTE ANHELA.

Jesús estaba acercándome con una poderosa verdad. Fue como si estuviera diciéndome: «Escucha, Robert. Una vez que tengas tus afectos alineados de modo adecuado y me ames más que nada o nadie, entonces (y solo entonces) serás capaz de suplir las necesidades de Nancy».

No hay una receta válida para todos

El pastor en un matrimonio debe entender lo que su esposa realmente anhela. Y cuando lo entiende, ella comenzará a experimentar desde una perspectiva humana «todo lo que necesita». Y cuando se trata de satisfacer las necesidades de tu esposa, no hay una receta válida para todos.

Desde 1985 he comprado mis trajes a un sastre iraní llamado Mike en el distrito de la zona comercial de Los Ángeles, cuya clientela va desde atletas profesionales hasta raperos y contadores. Pero a pocas puertas de la de Mike está la sastrería de Rollo, y allí es donde ocurre la verdadera magia. En esa tienda de poco más de cinco metros de ancho por tal vez veinticinco de profundidad, Rollo recibe a los clientes en un mostrador de fórmica, blanco en los bordes por el uso, unos vestidores con cortinas ligeras y una fila de máquinas industriales para coser, manejadas con precisión quirúrgica por hombres y mujeres.

Hace diez años, cuando presenté a mi yerno Christopher al distrito de la confección, seleccionó un hermoso traje italiano del almacén de Mike, pero los pantalones eran plisados y Christopher quería un frente liso. Así que fuimos donde Rollo y le preguntamos si podía hacer la transformación completa a los pantalones de Christopher. «Desde luego», contestó con una sonrisa tranquilizadora. Cuando regresamos de un almuerzo rápido, los pantalones estaban listos. Los resultados fueron asombrosos. El corte era impecable y este traje es uno de los favoritos de Christopher.

No puedes satisfacer las necesidades de tu esposa sacando algo de los estantes de una tienda por departamentos. Lo que le das debe ser hecho a la medida. Tienes que ser su Rollo. ¿Y cómo lo haces? ¿Cómo averiguas lo que ella necesita, y cómo puedes saber si estás satisfaciendo tales necesidades? He aquí cómo.

Amar más a Jesús

Cristo está haciéndote la misma pregunta que le hizo a Pedro en la playa: «¿Me amas más que a alguien o algo?». Y tienes que poder responder igual que Pedro: «Sí, Señor, te amo más que a nadie o algo». ¿Pero cómo sabes si esa respuesta es verdadera?

Arriesgándome a exponer lo que ya sabes, diré que debes comenzar tu día con tu Pastor.

Imagínate en un redil abarrotado al amanecer. Al tener un sueño naturalmente ligero, oyes los pasos de tu Pastor cuando se acerca a la puerta. Estiras las orejas y levantas la cabeza. ¿Es este tu Pastor? Haces a un lado tu somnolencia, te obligas a ponerte de pie y te abres paso hacia Él. Mientras más te acercas, más claramente le ves el rostro. Su rostro radiante perfora la oscuridad y la desvanece. Cuando llegas a Él, te levanta y te lleva a un lugar especial no muy lejos de la puerta. Tu corazón palpita de alegría. Este va a ser un tiempo precioso... solos tú y tu propio Pastor.

CUANDO LLEGAS A ÉL, TE LEVANTA Y TE LLEVA A UN LUGAR ESPECIAL NO MUY LEJOS DE LA PUERTA. TU CORAZÓN PALPITA DE ALEGRÍA. ESTE VA A SER UN TIEMPO PRECIOSO... SOLOS TÚ Y TU PROPIO PASTOR.

En realidad, puedes comenzar cada día así con tu Pastor. Lee su Palabra y medita en ella, escribe tus pensamientos y termina de rodillas ese tiempo con Él, agradeciéndole por su amor, su misericordia y su gracia, y luego presentándole tus necesidades para el día.

Sin embargo, ¿no puede esto volverse rutinario e incluso aburrido? Puede que sí. Pero también lo hace meterte a la ducha o sentarte a comer. Y a pesar de que es la misma Biblia y las mismas palabras que has leído antes, Dios puede tomar lo ordinario y convertirlo en extraordinario. Él cambia la rutina en euforia.

Amar después a tu esposa

Luego de haber pasado este tiempo con tu Pastor, estás listo para ser el pastor de tu esposa y satisfacer sus necesidades. No me refiero a tarjetas sentimentales, flores o cena en su restaurante favorito por el Día de San Valentín. Estas cosas son maravillosas, pero tu oveja está buscando más. Discúlpame por declarar lo obvio, pero sugiero que le preguntes a tu esposa qué necesidades tiene que puedas satisfacerle mejor.

En 2015 me casé con una mujer que había estado soltera durante cincuenta y siete años. Nancy había tomado decisiones sola durante mucho tiempo. Aunque tenía una junta directiva, sabios empleados de alto rango y piadosos colegas y amigos, no tenía que pedir permiso a nadie para hacer algo, especialmente en casa.

Algunas semanas después que comencé a ir a la casa de Nancy, pasé junto al fregadero de la cocina. Al observar allí algunos platos, me puse a enjuagarlos y ponerlos en el lavavajillas. ¿Lo hice para impresionarla? Por supuesto. ¿Lo hice para enviarle un mensaje secreto acerca de la fastidiosa nitidez? No. Un día o dos más tarde pasé por el fregadero y volví a despejar algunas cosas.

Aunque tenía una junta directiva, sabios empleados de alto rango y piadosos colegas y amigos, no tenía que pedir permiso a nadie para hacer algo, especialmente en casa.

Entonces se me ocurrió: ¿Estoy sosteniendo de nuevo la puerta para la mujer en la ferretería de Soukup? Había supuesto que Nancy estaría feliz de que le vaciara el fregadero. Me explico, ¿quién no desea un fregadero vacío en la cocina? Pero ¿y si ella tiene su propia rutina? ¿Y si estuviera cómoda con algunas cosas por ahí y planeara vaciar el fregadero solo una vez al día después de cenar, como hace la gente normal? ¿Vería ella que yo tomaba esa iniciativa como un gesto de utilidad o como una meticulosidad fría, una crítica tácita a la administración de su casa?

Así que le pregunté. «¿Te gusta que limpie el fregadero de la cocina o prefieres que lo deje tal como está?». Una pregunta simple, ¿verdad? Pero muy importante. Mi objetivo, especialmente porque estaba tratando de ganarme su corazón, era complacerla. Yo debía entender sus necesidades y hacer todo lo posible por satisfacerlas. Atención de necesidades *hecha a la medida.*

Yo debía entender sus necesidades y hacer todo lo posible por satisfacerlas. Atención de necesidades *hecha a la medida.*

Hacerle promesas a tu oveja

Cuando te casaste con tu esposa, le dijiste ciertas palabras. Delante del altar, frente al ministro y en la presencia de algunos amigos, hablaste. Pudiste haber elaborado tu propio pacto o tal vez seguir la ruta tradicional. De cualquier modo, a estas palabras se les llama votos matrimoniales. Los votos son promesas. Y al pronunciarlas «delante de Dios y de estos testigos» para «unir a este hombre y esta mujer», las convertiste en promesas irrefutables, no menos vinculantes que el pacto de Dios con Abraham o su promesa del arco iris a Noé. Te doy mi palabra que le dijiste a tu novia: Te amaré y te valoraré, haré todo lo posible por satisfacerte. Hablo en serio… muy en serio.

Así que decidiste satisfacerle sus necesidades. Llenarle tanto su copa que se derrame. Esperabas que después de unos meses de casado podrías alcanzar a oírla jactándose ante una amiga respecto a lo bien que te portas como esposo, como su pastor. «Apenas puedo creerlo —diría—, pero mi esposo sabe exactamente lo que necesito. Cuanto más tiempo estamos casados, de mejor manera es capaz de anticipar sin que yo le diga algo. Su amor me hace sentir satisfecha y segura». O tal vez le has mirado el teléfono celular y has visto un mensaje de texto a su mejor amiga:

Cuando te casaste, estabas uniéndote a una criatura de complejidad inimaginable.

«El matrimonio es más extraordinario de lo que alguna vez pensé. Nunca he sido más feliz».

Copa rebosante. Misión cumplida.

Observar pistas

Cuando te casaste, estabas uniéndote a una criatura de complejidad inimaginable. Por otra parte, es probable que tu esposa no te viera así. Rara vez se oye a una mujer hablar así de su esposo con otra mujer: «Simplemente no puedo imaginarme lo que desea. Estoy haciendo todo lo posible por suplirle sus necesidades, pero sucede que él es tan complejo que sencillamente no sé por dónde empezar». Por el contrario, el lamento de los hombres es que no pueden entender qué es lo que quieren sus esposas.

Gracias a Dios no tienes que convertirte en experto sobre las mujeres en general. Como pastor, tu trabajo es volverte diestro en comprender (anticipar) las necesidades de *una sola mujer* y luego aprender los secretos de satisfacer tales necesidades.

Eso es todo. Eso basta.

Principios probados por el tiempo

Hay un montón de buenos libros sobre el matrimonio, muchos de ellos escritos en los últimos diez o veinte años. Pero regresemos a la increíble pieza de tres mil quinientos años de antigüedad, llena de consejos escondidos en el libro de Deuteronomio entre instrucciones sobre el divorcio y pautas para el uso de piedras de molino al hacer un acuerdo de préstamo. «Cuando alguno fuere recién casado, no saldrá a la guerra, ni en ninguna cosa se le ocupará; libre estará en su casa *por un año*, para alegrar a la mujer que tomó» (Deuteronomio 24:5).

Por impracticable y hasta incomprensible que pueda parecer el consejo, contiene tres principios que deberíamos tomar en serio.

1. Principio del reto: «Un año»

A casi todos los hombres nos gusta la competición. Nos movemos hacia algo competitivo. Bueno, he aquí un enorme reto. Podría ser un poco tarde, ya que puedes estar casado por más de un año, pero este consejo de milenios atrás es claro: Si deseas tener un gran matrimonio, no hagas nada durante un año entero excepto *aprender a amar a tu esposa.*

Sé lo que estás diciendo: «Vamos, sé razonable. Tengo trabajo que realizar. Si me hubiera tomado un año libre, me habrían despedido del trabajo, y eso no sería bueno para ninguno de nosotros».

Quizá podrías estar expresando: «Oye, esto parece fabuloso, todo un año saliendo con mi esposa y haciendo el amor. Podría acostumbrarme a eso».

TU MISIÓN NO ES CONVERTIRTE EN EXPERTO EN SATISFACER LAS NECESIDADES DE *TODAS* LAS MUJERES. ES CONVERTIRTE EN EXPERTO EN *UNA* MUJER: TU ESPOSA.

Si crees que no puedes tomarte un año libre para la luna de miel más larga de la historia, o crees que parece muy divertido tomar todo un año libre para estar con tu esposa, si es que puedes darte el lujo, tengo un poco de algo para añadir al asunto. Como aseguré, tu misión no es convertirte en experto en satisfacer las necesidades de *todas* las mujeres. Es convertirte en experto en *una* mujer: tu esposa. Ni un seminario de fin de semana, ni un libro, ni siquiera el compromiso normal de cinco sesiones de consejería prematrimonial bastarán.

La razón principal de que las empresas del sector privado fallen es la subcapitalización. Aunque hayas estado casado por mucho tiempo, si no tomas este desafío de aprender y responder a las necesidades de tu esposa, podrías tener un matrimonio descapitalizado sin reservas para utilizar cuando las cosas se ponen difíciles en el camino.

2. Principio del trastorno de déficit de atención: «No ser enviado a la guerra ni tener algún otro deber asignado»

Hace muchos años aprendí una lección importante acerca de enfocarse al escuchar. Curiosamente, la lección vino al observar cómo una persona sorda «escucha» por medio de la lectura de labios. He aquí lo que aprendí: escuchar no es algo que haces con los oídos; es algo que haces con los ojos.

¿Recuerdas la señal de cruce de ferrocarriles: detenerse, mirar y escuchar? Evitar la distracción de ir a la guerra o tener otros deberes asignados te permite detenerte, mirar y escuchar los deseos y las necesidades de tu esposa. Eres esposo de tiempo completo. Esta no es una tarea de tiempo parcial o por horas.

TU ESPOSA TE HABLA. TÚ ESTÁS HACIENDO ALGO MÁS CON LAS MANOS O TIENES ALGO MÁS EN LA MENTE. TIENES UNA ALTERNATIVA.

El reto de poner atención se presenta cada día; probablemente varias veces al día. Tu esposa te habla. Tú estás haciendo algo más con las manos o tienes algo más en la mente. Tienes una alternativa. Puedes dejar lo que estás haciendo y enfocar tu atención en ella, o puedes alejarte, sea física o emocionalmente, y seguir ocupado en lo que estás haciendo.

Enfocarte en tu esposa será un reto cuando tienes el teléfono celular en la mano. En mi experiencia, preguntar si está bien si termino el mensaje que estoy escribiendo es una buena idea. Por lo general, ella dirá que está bien. Si dice que no está bien, entonces no está bien. Baja tu teléfono y escucha (con los ojos). Puedes concluir el mensaje más tarde, y la confianza de tu esposa en tu amor por ella se ampliará.

3. Principio de reciprocidad: «Hacer feliz a la esposa con quien te has casado»

Atribúyelo a nuestra humanidad, pero la mayoría de esposos tiene esto al revés. Estamos ansiosos porque nuestras esposas encuentren maneras de *hacernos* felices.

A inicios de mi matrimonio con Bobbie, ella lo puso de este modo: «Solo quiero que sepas que aunque estés ocupado, de vez en cuando detente y piensa en mí». Podrías estar diciendo: «Está bien, pero ¿qué debería hacer mi esposa por mí?». Esa es una pregunta justa, pero la respuesta es desalentadora. Esta amonestación del

Antiguo Testamento no dice absolutamente nada respecto a la misión de tu esposa. A ella no se le da ningún tipo de instrucción. Pero aquí es donde entra la parte de la reciprocidad. Cuando haces de la felicidad de ella tu prioridad, «aquella con quien te casaste» por lo general se ve obligada a *hacerte* feliz.

Hacer todo lo posible porque tu esposa sea feliz no es solo un acto desinteresado de martirio. Tener una esposa contenta será determinante en tu *propia* felicidad. El libro de Proverbios afirma en dos ocasiones esta verdad con un toque de humor: «Mejor es vivir en un rincón del terrado que con mujer rencillosa en casa espaciosa» (Proverbios 21:9 y 25:24).

LAS ESPOSAS INFELICES, GRUÑONAS, CONFLICTIVAS Y RENCILLOSAS A MENUDO ESTÁN CASADAS CON ESPOSOS EXCESIVAMENTE OCUPADOS, INSENSIBLES, ATRIBULADOS Y ENSIMISMADOS.

Las esposas infelices, gruñonas, conflictivas y rencillosas a menudo están casadas con esposos excesivamente ocupados, insensibles, atribulados y ensimismados. Y han aprendido por ensayo y error que la única manera en que pueden tener la atención de sus maridos es hacer una de estas cosas molestas.

Tu reto es poner más atención a tu esposa que al auto nuevo del vecino, los titulares o los campeonatos deportivos. Cuando haces esta inversión, tu matrimonio será más satisfactorio por el resto de tu vida.[1]

Una lección rápida de un mariscal de campo

Volverte un experto en tu esposa significa algo muy importante. Este es un concepto que hace poco se me ocurrió. Tal vez se deba a que mi matrimonio con Nancy es reciente y me doy cuenta de que tengo mucho por hacer para convertirme en un experto en conocerla.

Utilicé esta palabra algunos párrafos atrás. La gran idea aquí es *anticipación*.

Imagina un receptor abierto en el fútbol americano haciendo un cruce interior, moviendo rápidamente el cuerpo a través del campo de visión del mariscal de campo. Cuando se lanza el pase, un experimentado mariscal de campo manda la pelota a un vacío. No la lanza al receptor sino a donde su compañero de equipo va a estar cuando llegue el pase. Él anticipa. Se supone que la pelota y el receptor lleguen de modo simultáneo.

A menos que estemos hablando de Eddie Murphy en la película «Doctor Dolittle», el promedio de tus ovejas no habla. Por supuesto, no estoy sugiriendo que tu esposa sea de alguna manera incapaz de expresarse. Todo lo contrario. Pero un buen pastor debe conocer tan bien al rebaño que tiene la capacidad de satisfacerle sus necesidades sin que se lo pidan. La magia aquí es que conoces tan bien a tu esposa que te deslizas delante de ella y buscas maneras de servirle.

«A mi esposa le gustaría agua sin hielo y con limón, por favor». Esto es lo que digo cuando nos sentamos en un restaurante y el mesero pregunta qué nos gustaría beber. Cuando observas que un bote de basura se ha llenado, no solo vacía ese sino date una vuelta rápida por la casa y vacía los demás. O cuando estés sentado en el sofá, uno al lado del otro, y veas a tu esposa tiritar un poco, ve a buscar una colcha y ponla sobre el regazo y las piernas de ella. Estas cosas son más divertidas cuando suceden sin que tu esposa las pida. Estás anticipándote a lo que ella necesita y actuando al respecto. Pregúntale a tu esposa si esta clase de gestos voluntarios significan algo para ella. Probablemente te lo dirá.

Nada seguro

Te invito a que hagas tu propia investigación al respecto, pero puedo ahorrarte tiempo y esfuerzo. A menos que su propio corderito esté amenazado, una oveja no ataca. Y nunca atacará a su pastor. Las ovejas anhelan sentirse seguras bajo el liderazgo de su pastor. Aunque pueden extraviarse, su naturaleza no es pelear ni rebelarse.

La mayoría de mujeres desea confiar en su pastor. Pero, y este es un «pero» muy importante, sus esposos deben demostrar que son dignos de confianza.

El mensaje central de este libro es que no tienes control sobre el comportamiento de tu esposa. No lo tenías cuando empezaron a salir, ni cuando te casaste con ella, y no lo tienes ahora. Y nunca lo tendrás.

Pero la noticia realmente buena es que por naturaleza las esposas generalmente responden. Cuando las dirigimos con amor y compasión, la mayoría de las veces nos responderán con amor y gracia. No puedes obligarlas a hacer esto. Es y siempre será decisión de ellas. Esto es difícil porque, por lo general, los hombres prefieren la previsibilidad. Nos gusta lo seguro. Preferimos montar una motocicleta Harley que un caballo. Haces girar la empuñadura en el manubrio y tu motocicleta sale disparada. Espoleas a un caballo y este podría hacer lo mismo, o tal vez te lance a la zanja.

El arte de cortejar y de pescar en aguas profundas

Imagina que te han invitado a pescar en alta mar. Tu anfitrión y guía es un pescador veterano. Sabe dónde están los grandes y cómo obtenerlos. Has visto colgados en paredes enormes peces espada, y has visto videos de tipos que atrapan estos gigantes azules. Esto es exactamente lo que tienes en mente este día.

CON TODO EL DEBIDO RESPETO A CUPIDO, NO ERES UN ARQUERO. ERES UN PASTOR. ERES EL PASTOR DE ELLA.

Cuando se alejan del muelle, tu guía te dice con una mirada de desagrado que no tiene el hilo de pesca adecuado; solo cuenta con uno de veinte libras. No hay garantía de que el hilo no se rompa si atrapas algo grande. Podrían pasar algunas horas antes que el proveedor pueda traer nuevo hilo, y ya estás a cierta distancia de la orilla, así que decides seguir adelante y pescar con el hilo disponible. Pero atraer los grandes sin romper el hilo requiere paciencia, delicadeza y suavidad.

Si tu esposa perdona esta comparación, ella es un pez espada. Es un trofeo. La ganaste cuando respondió «sí» a tu propuesta de matrimonio, pero ahora parece que ha regresado a nadar libre en el océano. Amas a esta mujer. Ansías su abrazo, su corazón, su amor. Pero ella no quiere que la pesquen, la jalen y la arrastren a la cubierta de tu barco. Anhela ser ganada, ser cortejada con suavidad.

El deseo que ella tiene de ser conquistada no es un juego que está jugando contigo. No está pidiéndote que saltes a través de un aro para demostrar algo. Querer ser amada y apreciada está en su ADN, así como querer ganar está en el tuyo. Tienes que ganar su corazón con destreza. No estás arponeándolo ni conquistándolo. No eres un pirata espadachín. No eres un vaquero haciendo oscilar el lazo. Con todo el debido respeto a Cupido, no eres un arquero. Eres un pastor. Eres el pastor de ella.

Quizá sea la complejidad de entender y satisfacer las necesidades de tu esposa o la profunda inseguridad que todo hombre siente cuando se trata de muchas de sus relaciones principales, pero algunos hombres tienen miedo a sus esposas. La incertidumbre respecto a las emociones de sus compañeras los obliga a vivir con una persistente aprensión. Su inseguridad los hace jalar con fuerza el hilo y, en ocasiones, lo rompen. En lugar de ganarla, sus acciones parecen alejarla. Este distanciamiento se siente como burbujas gorgoteando en el estómago. Conoces esta mala sensación, ¿verdad?

Pero no tiene por qué ser así.

Hablaremos de este reto en el próximo capítulo. Y para darte una pista, allí se encuentran buenas noticias. Te lo prometo.

CATORCE

UN PASTOR APACIENTA A SUS OVEJAS

En el amor no hay temor, sino que el perfecto amor echa fuera el temor; porque el temor lleva en sí castigo. De donde el que teme, no ha sido perfeccionado en el amor. Nosotros le amamos a él, porque él nos amó primero.

—1 JUAN 4:18-19

Imagina que eres un todopoderoso capaz de las más grandes hazañas deportivas de todos los tiempos. En ese viaje de pesca en alta mar que imaginamos en el capítulo anterior simplemente ordenarías a tu pez espada que girara y saltara a la cubierta. ¿Qué genial sería esto?

Nuestro Buen Pastor es un experto en romance

La extraordinaria verdad de nuestro Buen Pastor es que, aunque tiene el poder para hacer lo que le plazca, hace algo más. Así como puede ganar un gran torneo de tenis o cautivar a los hombres y las mujeres de una sesión conjunta del Congreso con un discurso, puede obligarte a amarlo y seguirlo. Pero así no actúa este Pastor. En lugar de eso, Dios ha elegido ir tras nosotros, jalarnos y guiarnos. Incluso planta de modo sobrenatural en nuestros corazones el deseo de conocerlo y seguirlo. Según declara el discípulo Juan, amamos a nuestro Pastor porque Él nos amó primero. O como Esopo pudo haberlo expresado, Dios nos calienta con su amor y su presencia, y nuestros corazones son atraídos hacia Él.

SEGÚN DECLARA EL DISCÍPULO JUAN, AMAMOS A NUESTRO PASTOR PORQUE ÉL NOS AMÓ PRIMERO.

El Gran Atrayente

A propósito de Esopo, he aquí una historia que parece una de sus fábulas que no lo es. Es cierta. A principios de 2016, científicos que usaban un radiotelescopio descubrieron 883 galaxias previamente «ocultas» detrás de las estrellas y del polvo de nuestra Vía Láctea. El descubrimiento podría explicar una anomalía llamada el Gran Atrayente, una región misteriosa de enorme fuerza gravitacional detectada por primera vez en la década de los setenta.

La primera carta de Juan describe a Dios como Romántico cósmico que nos seduce, nos corteja y nos atrae hacia sí. Su amor es como el misterioso impulso gravitacional que los científicos han estado tratando de entender. Este Dios que da el primer paso hacia nosotros es el «Gran Atrayente».

En la primavera de 1738, Juan Wesley, el líder del movimiento metodista, un joven profundamente serio acerca de su fe cristiana, escribió en su diario:

> Por la noche fui de mala gana a una sociedad en la calle Aldersgate, donde uno estaba leyendo el prólogo de Lutero a la Epístola a los Romanos. Como a las nueve menos cuarto, mientras describía el cambio que Dios obra en el corazón por medio de la fe en Cristo, sentí que el corazón se

> me calentaba extrañamente. Sentí que confiaba en Cristo, solo en Cristo, para salvación; y me fue dada una seguridad de que Él se había llevado los pecados, incluso los míos, y que me había salvado de la ley del pecado y de la muerte.[1]

Wesley no escribió: «Decidí ser atraído hacia Jesucristo» o «Dios se me acercó y me golpeó en la cabeza, arrastrando mi cuerpo inconsciente a un lugar al que yo no tenía intención de ir». Tampoco escribió: «Después de años de búsqueda y consideración seria, llegué a la conclusión de que seguir a Cristo tenía sentido». No, él escribió: «Sentí que el corazón se me calentaba extrañamente». Wesley no tuvo nada que ver con este calentamiento. Alguien más, llamémoslo nuestro Buen Pastor, hizo el encantamiento.

JESÚS ES EL MODELO PERFECTO DE PASTOREO, Y ESTO ES EXACTAMENTE LO QUE TU ESPOSA ESTÁ BUSCANDO EN TI.

Dios el Gran Romántico, el Gran Atrayente, agarra un hombre inteligente y religioso como Juan Wesley y le calienta el corazón. Por supuesto, como hizo con el apóstol Pablo lanzándolo al suelo, Dios pudo haberle enviado un cometa a su alcoba. Pero según muchos predicadores y teólogos han señalado, «Dios por lo general es un caballero». Y un Buen Pastor.

Jesús es el modelo perfecto de pastoreo, y esto es exactamente lo que tu esposa está buscando en ti.

Guiar con amor y gracia, con humildad y fortaleza

Toda esta charla acerca de ganar el corazón de nuestra amada puede parecerte débil, tal vez hasta poco viril, como si yo estuviera aconsejándote que le supliques a tu esposa: «Ámame por favor. Oh, ámame, por favor, *por favor*. Si no me amas, ¡mi corazón se estrellará contra las rocas!». No hablo de eso *en absoluto*.

Si la imagen de Dios como el pretendiente divino no te atrae, el poeta del siglo XIX Francis Thompson ofrece algo muy diferente: la gracia divina como «El lebrel del cielo» en la búsqueda incesante del alma:

> Le huía noche y día a través de los arcos de los años, y le huía a porfía por entre los tortuosos aledaños de mi alma, y me cubría con la niebla del llanto o con la carcajada, como un manto.

Ya sea que pienses de Dios como el Gran Atrayente o el Lebrel del Cielo, Él siempre es el Buen Pastor que dirige a sus ovejas. Tú fuiste tras la mujer que se convirtió en tu esposa, y espero que sigas haciéndolo. Pero cuando te convertiste en su esposo, llegaste a ser su pastor, y eso significa dirigir.

ES CLARO QUE LA IDEA DE UN HOMBRE QUE DIRIGE A SU ESPOSA MOLESTA A MUCHAS PERSONAS. CREEN QUE ESTO HUELE A CHAUVINISMO, A MACHISMO. NO, ESTO NO ES LO QUE PARECE.

Es claro que la idea de un hombre que dirige a su esposa molesta a muchas personas. Creen que esto huele a chauvinismo, a machismo. No, esto no es lo que parece.

Por su gracia, Dios me ha dado el privilegio de estar casado con dos mujeres fuertes, capaces, hábiles y dotadas. En muchas maneras, ellas eran más inteligentes y talentosas de lo que alguna vez pude haber aspirado a ser. Habría sido fácil intimidarme por Bobbie y Nancy. Pero estas mujeres decidieron aceptar la directriz bíblica de someterse a mí, de respetarme y «dejarme dirigir». Y debido a que lo hicieron sucedieron dos cosas.

Dar un paso adelante

En primer lugar, di un paso adelante. Sentí el peso del bastón en la mano e hice todo lo posible por correr con confianza. Bobbie confió en mí; Nancy confía en mí. Y esa confianza cambió todo.

Mi modelo ha sido el Buen Pastor. Él me amó y se entregó por mí. El apóstol Pablo describe en un pasaje famoso este liderazgo impecable:

> Haya, pues, en vosotros este sentir que hubo también en Cristo Jesús, el cual, siendo en forma de Dios, no estimó el ser igual a Dios como cosa a que aferrarse, sino que se despojó a sí mismo, tomando forma de siervo, hecho semejante a los hombres; y estando en la condición de hombre, se humilló a sí mismo, haciéndose obediente hasta la muerte, y muerte de cruz (Filipenses 2:5-8).

El liderazgo en mi matrimonio ha significado tragarme humildemente mi orgullo y servir. Para un hombre que es un pecador activo, que preferiría hacer las cosas a su manera, este es un reto enorme. Una vez más, Pablo describe esto de forma exacta:

> Yo sé que en mí, esto es, en mi carne, no mora el bien; porque el querer el bien está en mí, pero no el hacerlo. Porque no hago el bien que quiero, sino el mal que no quiero, eso hago. Y si hago lo que no quiero, ya no lo hago yo, sino el pecado que mora en mí (Romanos 7:18-20).

ELLA ME INVITÓ A DIRIGIR Y PROSPERÓ. SE SOMETIÓ A SU PASTOR TERRENAL Y RESULTÓ SATISFECHA Y FELIZ.

Como Webb Simpson mientras recorría la pista diecisiete en Olympic justo antes de ganar el Abierto de Estados Unidos, puedo parecer que estoy jactándome, pero en realidad estoy admitiendo lo inadecuado que soy para las responsabilidades de un pastor. Mis ojos no están puestos en mí, un hombre claramente defectuoso e imperfecto, sino por necesidad y puro pánico, están puestos en Jesús, el consumador de mi fe (Hebreos 12:1-2).

Florecer

Lo segundo que ocurrió cuando mi esposa me permitió dirigir fue que ella floreció. Eso podría parecer contradictorio. Ella me invitó a dirigir y prosperó. Se sometió a su pastor terrenal y resultó satisfecha y feliz.

No había mucho en los antecedentes de Bobbie que le diera confianza en el liderazgo masculino, así que fue un gran paso (un salto de fe, en realidad) para ella tomar la Biblia en serio y someterse al liderazgo de su esposo. Pero ese acto de fe le produjo un gozo renovado de amarme y servir a los demás.

El funeral de Bobbie terminó con un video de ella caminando por la calle frente a nuestra casa en Orlando (sin su conocimiento, tomé el video desde el balcón con mi teléfono inteligente) y cantando uno de sus himnos favoritos, que resume claramente esta relación especial que ambos compartíamos con nuestro Salvador, nuestro Buen Pastor.

> Cuando andamos con el Señor a la luz de su Palabra,
> Qué gloria derrama en nuestro camino.
> Mientras hacemos su buena voluntad mora todavía con
> nosotros
> Y con todos aquellos que confían y obedecen.

Liderar

Cuando me casé con Nancy, ella ya tenía toda una vida de logros: dieciocho libros con ventas de más de tres millones de ejemplares, líder de un ministerio internacional, anfitriona de un programa radial transmitido en ochocientas estaciones. Nancy dirigía conferencias a las que asistían decenas de miles de mujeres. Su reputación era heroica y su ministerio muy respetado. No solo eso, estaba totalmente satisfecha en su llamado como mujer soltera. Nunca esperó casarse y, según me dijo después de nuestro compromiso, nunca había orado por un esposo. Si alguna vez hubo una mujer que necesitara un hombre «como un pez necesita una bicicleta», era Nancy.

Sin embargo, por décadas, el mensaje de Nancy a las esposas fue el mismo de Bobbie: «Confía en Dios. Sométete a tu marido.

Déjalo dirigir». Y así, cuando subió el telón el día de su propia boda, eso es exactamente lo que hizo. No, no perdió su identidad. No se derritió en el piso de la cocina ni se desvaneció en el papel tapiz. Pero me aceptó como su esposo, su pastor. Ella confió en Dios, se sometió a mí y me dejó dirigir.

Pero por décadas el mensaje de Nancy a las esposas fue el mismo de Bobbie: «Confía en Dios. Sométete a tu marido. Déjalo dirigir».

¿Puedes imaginar?

Tu propio rebaño

En el capítulo 12 hablamos de ser el sacerdote, el pastor, en nuestros matrimonios y hogares. Este es claramente el papel que Dios nos ha dado. Podrías tener un montón de hijos o solo ser tú y tu esposa, pero si eres el pastor, significa que quienes están bajo tu cuidado son tu rebaño.

Aunque hemos estado hablando de esto desde el principio, quiero que te formes una imagen mental de ti mismo como un verdadero pastor. Adelante, incluye el sombrero, la ropa, el cayado con gancho y la vara colgando de la faja alrededor de tu cintura. Estás de pie en una pradera; una brisa suave y agradable te acaricia el rostro. Y miras por sobre tu rebaño. Incluso puedes poner a tu perro en la imagen, aunque no sea experto en los deberes de un perro pastor. Al igual que mi pequeño maltés blanco, el tuyo podría ser funcionalmente incompetente y solo fascinarse con las ovejas. Está bien, puedes dejarlo en la imagen.

Nuestras comidas empiezan del mismo modo que debieron haber comenzado las de Jesús, agradeciendo al Señor por los alimentos.

Respira profundo. Eres el pastor. Y estas ovejas están bajo tu cuidado. Son tu rebaño. Adelante; asimílalo.

En su primera carta, el apóstol Pedro ofrece un resumen maravillosamente claro de tu tarea, la descripción de la labor de un pastor:

> Ruego a los ancianos[2] que están entre vosotros, yo anciano también con ellos, y testigo de los padecimientos de Cristo, que soy también participante de la gloria que será revelada: Apacentad la grey de Dios que está entre vosotros, cuidando de ella, no por fuerza, sino voluntariamente; no por ganancia deshonesta, sino con ánimo pronto; no como teniendo señorío sobre los que están a vuestro cuidado, sino siendo ejemplos de la grey. Y cuando aparezca el Príncipe de los pastores, vosotros recibiréis la corona incorruptible de gloria (1 Pedro 5:1-4).

Sin tomar demasiado tiempo y espacio, discerniré esta tarea asombrosa y no apologética que desde las páginas de la Palabra de Dios se nos ha dado como pastores.

Un compañero pastor y testigo de los sufrimientos de Cristo

Pedro nos invita a unirnos a él como compañero anciano y testigo presencial. Como uno de los amigos más cercanos de Jesús, Pedro sabía de qué estaba hablando. Él fue parte del rebaño del Buen Pastor y lo vio bajo casi toda circunstancia concebible. Por eso, las próximas frases no son solo teoría, son verdades forjadas en el yunque de la vida real bajo el liderazgo del Pastor.

Participante de la gloria

La palabra «participante» sugiere comer juntos, al igual que en «aderezas mesa delante de mí». Como parte del rebaño de nuestro Pastor, con regularidad recibimos invitaciones a comer con Él. Este no es un club exclusivo y solo para miembros. Es una reunión de amigos, con Jesús como anfitrión.

Según he dicho, las comidas regulares con tu esposa deben ser algo no negociable. Esta no sería la primera vez que me han acusado de ser un controlador excesivo, pero en un restaurante, cuando solo estamos los dos, siempre trato de encontrar una mesa cuadrada donde podamos sentarnos en una esquina uno al lado del otro. Incluso en un lugar de comida rápida, esta ubicación es mi favorita. Al no tener toda una mesa entre nosotros, podemos girar la silla hacia el otro y acercarnos. Y nuestras comidas empiezan del mismo modo que debieron haber comenzado las de Jesús, agradeciendo al Señor por los alimentos. Además, siempre agradezco al Señor por esta persona extraordinaria y preciosa a quien agarro las manos y con quien me sirvo esta comida y vivo día a día.

Apacentad la grey de Dios que está entre vosotros

En la clase de declaración directa que esperaríamos de Pedro, se nos dan claras instrucciones. Si este pasaje se hubiera escrito como el titular para un anuncio, simplemente diría: «Sé el pastor».

Entonces, para ayudarnos a entender cómo abordar nuestra tarea, Pedro nos da algunas instrucciones adicionales. «No por fuerza, sino voluntariamente», no porque *tengas* que hacerlo sino porque *quieres* hacerlo. «No por ganancia deshonesta, sino con ánimo pronto»; nuestros matrimonios no son acerca de nosotros. «No como teniendo señorío sobre los que están a vuestro cuidado», sino amable, tierno, gentil. «Sino siendo ejemplos de la grey»: el pastor siempre va adelante y muestra el camino.

SI ALGUIEN TE HUBIERA DICHO ALGUNOS DÍAS ATRÁS QUE COMO ESPOSO ERES RESPONSABLE DE SER «PASTOR Y PASTOREAR» A TU ESPOSA, PUDISTE HABERLO MIRADO LLENO DE PERPLEJIDAD.

«Y cuando aparezca el Príncipe de los pastores, vosotros recibiréis la corona incorruptible de gloria»: nuestro Buen Pastor está aquí en espíritu, y un día regresará. Cuando lo haga, quiere ver qué clase de pastores hemos sido, y dirá: «Bien, buen siervo y fiel»: hombre, esposo, padre... pastor (Mateo 25:21).

Al grano

Quiero retarte a que «pastorees» bien a tu esposa. Eres el pastor de tu grey, grande o pequeña. Si alguien te hubiera dicho algunos días atrás que como esposo eres responsable de ser «pastor y pastorear» a tu esposa, pudiste haberlo mirado lleno de perplejidad. Mi esperanza es que tengas un gran sentido de qué significa ser pastor y pastorear. Pero aunque es importante entender la descripción de tu misión, algo más es necesario.

Te contaré una historia sobre un hombre con quien tú y yo podemos identificarnos. Es una historia verdadera relatada en los Evangelios (Mateo 19:16-24; Marcos 10:17-31; Lucas 18:18-23). Un día, un hombre se le acercó a Jesús, deseoso de hablar directamente con Él. Es más, salió corriendo a su encuentro, algo que solo personas desesperadas hacen.

Es posible que los discípulos lo reconocieran, pues era un hombre de cierta influencia en la comunidad, o tal vez él tenía tanta seguridad en sí mismo que simplemente se abrió paso entre la multitud hasta quedar frente al Salvador, pero cayó humildemente de rodillas cuando alcanzó a Jesús.

LA RESPUESTA QUE JESÚS LE DIO AL JOVEN RICO PODRÍA PARECERNOS CONFUSA. LE DIJO QUE DEBÍA HACER UNA GRAN VENTA DE GARAJE Y DESHACERSE DE SUS COSAS.

Este sujeto parece haberlo tenido todo. Los tres relatos de los Evangelios nos dicen que era rico, y Mateo añade que era joven. Según él mismo afirmó, lo cual Jesús no puso en duda, era moralmente recto y había guardado todos los mandamientos desde su juventud. Su rectitud había sido reconocida cuando lo nombraron principal de una sinagoga. ¿Quién no querría ser como este individuo?

Pero en lo más profundo de su corazón parece que le acechaba el temor de no tener lo que más importaba: salvación, vida eterna y esperanza de ir al cielo.[3] Poniéndose de pie, el joven hizo la que parecía una pregunta razonable: «Maestro bueno, ¿qué haré para heredar la vida eterna?».

Después de considerar nuestro papel como pastor de nuestro matrimonio y nuestra familia, pongámonos en el lugar de este joven.

Nuestra pregunta al Buen Pastor podría ser: «Maestro bueno, ¿qué haré para ser un buen pastor?».

La respuesta que Jesús le dio al joven rico podría parecernos confusa. Le dijo que debía hacer una gran venta de garaje y deshacerse de sus cosas. Esto no parece muy espiritual. ¿No sería mejor decirle que agarrara su librito, hiciera esta oración y *listo*, ya está adentro? ¿Cuál es el rollo con despojarte de tus posesiones?

Invitaciones hechas a la medida

La respuesta que Jesús le dio al joven rico es el único caso en los Evangelios en que le dice a alguien que venda todas sus posesiones materiales para seguirlo. Jesús le dijo a Nicodemo, un hombre orgulloso de su encumbrada posición entre los judíos, que debía «nacer de nuevo» (Juan 3:7). A la mujer samaritana en el pozo, una persona que vivía para complacer sus sentidos, le dijo que debía beber con ansías del «agua viva» (Juan 4:10). Y al ladrón que colgaba de la cruz a su lado, precariamente suspendido en el aire, un hombre claramente sin opciones, que simplemente le suplicó: «Acuérdate de mí», Jesús le respondió: «Hoy estarás conmigo en el paraíso» (Lucas 23:43). En otras palabras: «Estás adentro, amigo. Bienvenido a la familia».

La escena de su esposo arrodillado delante de su Padre celestial puede ser lo más atractivo que tu esposa verá jamás.

Al igual que el joven rico, tú y yo nos acercamos al Buen Pastor. Caminamos, trotamos o corremos. Y cuando llegamos a su santa presencia, nos arrodillamos con la pregunta: «Buen Pastor, ¿qué debo hacer para ser un buen pastor?».

No sé cuál es tu mayor necesidad. No sé si debes «nacer de nuevo», beber de esa «agua viva» o si simplemente estás clamando: «Sálvame. Me estoy muriendo». Nuestra pecaminosidad, nuestra vergüenza, nuestra incapacidad de ser el pastor que nuestra esposa quiere y necesita es suficiente. Jesús nos mira a los ojos y dice: «Cree en mí. Confía en mí. Yo soy el Buen Pastor. Sígueme».

La invitación (el evangelio) es clara. Es exactamente lo que tú y yo necesitamos. Y la primera lección que aprendemos del próspero joven que acudió a Jesús es buena. Empezamos esta conversación arrodillados.

La escena de su esposo arrodillado delante de su Padre celestial puede ser lo más atractivo que tu esposa verá jamás. Puedes correr rápido. Puedes golpear una pelota de golf trescientas yardas. Puedes construir un muelle en la parte trasera de tu casa o reparar un grifo que gotea. Puedes tener la respuesta correcta para cada pregunta que tu esposa te hace. Pero nada de esto se compara con el vuelco al corazón de ella al verte buscando a tu Pastor y sometiéndote a Él.

QUINCE

AMOR PARA TODA LA VIDA: CÓMO TERMINAR BIEN

Hasta que la muerte nos separe.

Un día miraste al rostro de tu novia y repetiste estas palabras: «Hasta que la muerte nos separe». Tu mente pudo haberse encontrado en otra parte. Pudiste haber estado tan nervioso, cansado o preocupado con los placeres venideros que no pusiste mucha atención. Pero a pesar de las distracciones, hiciste este voto.

Lo interesante acerca de esta promesa es que no tenías idea de por cuánto tiempo estabas comprometiéndote. No sabes cuánto tiempo tienes de vida, ni sabes qué edad tendrá tu esposa cuando respire por última vez. Tu objetivo es llegar hasta el final, permanecer fiel, fuerte e incluso feliz y complacido con tu matrimonio hasta el día en que uno de los dos entierre al otro.

No te quedes sin combustible

Mientras crecía, la carreta de autos Indianápolis 500 tenía gran importancia, especialmente en nuestra casa, donde papá era gran aficionado a los autos. Se convirtió en mi ritual del Día de Conmemoración de los Caídos escuchar la carrera en la radio (no hubo transmisión en vivo por televisión hasta 1986) mientras lavaba y enceraba el auto de la familia. Según recuerdo, comencé esta tradición en 1961, cuando A. J. Foyt ganó su primer Indy y yo tenía trece años. No podía conducir el auto en la calle, pero era muy hábil en maniobrarlo desde el garaje hasta un buen tramo en la entrada para su tratamiento.

TU OBJETIVO ES LLEGAR HASTA EL FINAL, PERMANECER FIEL, FUERTE E INCLUSO FELIZ Y COMPLACIDO CON TU MATRIMONIO HASTA EL DÍA EN QUE UNO DE LOS DOS ENTIERRE AL OTRO.

Lo que más me gustaba del «más grande espectáculo de las carreras» era la manera en que el piloto y el grupo de mecánicos trabajaban como equipo. En aquellos días no había comunicación electrónica entre el piloto y el jefe de mecánicos, así que los muchachos en los boxes tenían que «hablar» con el piloto, levantando una gran pizarra que a menudo comunicaba un mensaje respecto al combustible. «¡Dos vueltas de gasolina!», podrían decirle. Mientras enceraba el auto familiar, me imaginaba en el asiento del piloto, aferrándome a la esperanza de que yo tuviera lo suficiente para llegar a la meta final.

Tu matrimonio también tiene un tanque de combustible, que estaba lleno el día que te casaste. No podías imaginarte amar a tu esposa más de lo que la amabas ese día. Solo pensar en estar con ella provocaba una oleada de adrenalina pura. La abrazabas afectuosamente y le hablabas con la ternura de un pastor. Pero con el tiempo, «los afanes de este siglo... y las codicias de otras cosas» (Marcos 4:19) comenzaron lentamente a vaciar tu tanque. Una discusión acalorada aquí, un malentendido allí; una palabra irreflexiva aquí, una acción egoísta allí; una actitud crítica aquí, una dura réplica allí... y tu matrimonio está quedándose vacío.

Llénalo

En los días anteriores a las gasolineras de autoservicio, una delgada manguera de presión de aire que se encontraba en la entrada hacía sonar una campanilla al pasar sobre ella, alertando al empleado que un cliente había llegado. Él corría de prisa a tu auto, tú bajabas la ventanilla y le decías: «Llénalo».

Eso tal vez no parezca mucho una oración, pero cuando tu gozo está secándose, tus afectos están resecos y el combustible en el tanque de tu matrimonio está acabándose, es lo que debes decirle a tu Buen Pastor: «Amado Padre celestial. Estoy vacío. Te necesito». Es una admisión de que tus propios recursos están menguando y que sabes a dónde ir para ser llenado otra vez.

UNA DISCUSIÓN ACALORADA AQUÍ, UN MALENTENDIDO ALLÍ; UNA PALABRA IRREFLEXIVA AQUÍ, UNA ACCIÓN EGOÍSTA ALLÍ; UNA ACTITUD CRÍTICA AQUÍ, UNA DURA RÉPLICA ALLÍ... Y TU MATRIMONIO ESTÁ QUEDÁNDOSE VACÍO.

En el invierno de 1926, un ministro presbiteriano de Lumberton, Carolina del Sur, llamado Daniel Iverson, asistía a un avivamiento evangélico en Orlando, Florida. Por su cuenta, y al parecer inspirado por un sermón evangelístico sobre el poder del Espíritu Santo, fue hasta el piano de la Primera Iglesia Presbiteriana, donde compuso la letra de un himno sencillo, expresando la súplica de ser llenado:

> Espíritu del Trino Dios,
> Llena mi ser.
> Quebrántame, consúmeme, transfórmame, lléname.
> Espíritu del Trino Dios,
> Llena mi ser.[1]

Quebrántame.

La palabra «quebrántame» en este himno se usaba en el sentido de domar un caballo salvaje, y no era una experiencia agradable para hombre o animal. Pero si el caballo va a ser útil, es necesario domarlo. Esta es una imagen de ti y de mí que no necesita explicación.

Consúmeme.

Fuera pretensión y orgullo. Mientras los niños cantan: «Soy débil pero Él es fuerte», permanezco delante del Señor y reconozco mi pecaminosidad y mi desesperada necesidad de Él. En realidad, es peor que eso: estoy muerto. No se trata de un cambio de imagen sino de una resurrección.

Transfórmame.

Un trozo de barro suave estrellado sobre el torno del alfarero no tiene voluntad propia, sino que se somete a las manos diestras del alfarero. A medida que el torno gira, el alfarero da forma al barro, si este es maleable, en algo hermoso y útil.

UN TROZO DE BARRO SUAVE ESTRELLADO SOBRE EL TORNO DEL ALFARERO NO TIENE VOLUNTAD PROPIA, SINO QUE SE SOMETE A LAS MANOS DIESTRAS DEL ALFARERO.

Lléname.

Volvamos a la gasolinera o como mi abuelo solía llamarla: la «estación de llenado». Exactamente.

Una metáfora final, el más grande de todos

Antes del principio del tiempo, anticipándose a la formación del primer hombre y la primera mujer, el Creador del universo pintó un retrato de su relación con ellos. Él era el Novio santo y perfecto. La humanidad iba a ser su esposa.

En una visión, el apóstol Juan, el «discípulo a quien Jesús amaba», describió esta boda: «Vi la santa ciudad, la nueva Jerusalén, descender del cielo, de Dios, dispuesta como una esposa ataviada para su marido» (Apocalipsis 21:2).

Eres el pastor de tu esposa. Amorosamente conoces a tu corderita, le hablas, la satisfaces, la guías, la proteges, la consuelas, la alimentas, la animas, le suples sus necesidades y la pastoreas. Tú y tu esposa se preparan juntos para ser la preciosa esposa del Buen Pastor, esperando la boda de todas las bodas, en que nuestro Novio vendrá a reclamarnos como su propiedad.

En el capítulo 7 mencioné el modo en que Nancy y yo decidimos simbolizar este momento en nuestra boda. Su hermano la escoltó hasta la mitad del pasillo, donde se detuvieron, y yo comencé a caminar hacia ella. En lugar de esperar que Nancy llegara al fondo de la iglesia donde yo esperaba, como el Buen Pastor hace por ti y por mí, caminé a zancadas (yo quería correr) para encontrarme con mi novia.

«DAR EL PRIMER PASO» ES EL MENSAJE DE ESTE LIBRO. ANTICIPAR TODAS NUESTRAS NECESIDADES. ES LO QUE NUESTRO BUEN PASTOR HACE POR NOSOTROS.

«Dar el primer paso» es el mensaje de este libro. Anticipar todas nuestras necesidades. Es lo que nuestro Buen Pastor hace por nosotros. En un mensaje mostrado a través de las expansiones del universo, Él nos grita: «Antes que te formase en el vientre te conocí, y antes que nacieses te santifiqué» (Jeremías 1:5).

Cada día, inspirado por la iniciativa de nuestro Pastor, te adelantas para reclamar a tu novia, superando cualquier timidez o miedo, sobrepasando una cultura que podría tratar de intimidarte o impedir que tomes este riesgo total.

Deseoso de amarla hasta el punto de sacrificarte por ella, reclamas a tu novia como tuya. Eres su pastor para protegerla, amarla, honrarla y apreciarla. Por siempre.

EPÍLOGO

Estás listo... El gozo de rendirte ante tu Pastor

¡Qué extraordinario que Jesús realizara su primer milagro en una boda (Juan 2:1-11)! Esta es una gran historia de rendirnos a nuestro Buen Pastor y ser recipientes de su generosa gracia.

Pensarías que el Creador del universo y Salvador del mundo habría optado por un debut más espectacular: tal vez una tempestad calmada o una curación masiva. En lugar de eso, Jesús convirtió agua común y corriente en buen vino para salvar de la vergüenza al padre de la novia. Demasiados invitados, muy poco vino. Eso era todo.

Pero si leemos de cerca, encontramos que hay más en la historia. El relato del Evangelio sigue al llamado que Jesús hiciera a sus primeros discípulos y sus primeras instrucciones directas registradas.

Como diría un pastor a su rebaño, Jesús les dijo a Pedro, Andrés, Felipe y Natanael: «Síganme». Y lo hicieron.

Ahora Jesús, su madre y estos nuevos seguidores asisten a una boda en la diminuta aldea de Caná, exactamente a kilómetro y medio al norte de Nazaret en Galilea. María, viendo como buena madre judía que el vino se ha acabado, lleva el problema ante su Hijo: «No tienen vino». Al ver cerca seis tinajas de piedra para agua, Jesús emite su segunda instrucción registrada, ordenándoles a los siervos: «Llenad estas tinajas de agua». Ellos obedecieron, llenándolas hasta el borde. Sin fanfarria, Jesús les dice: «Sacad ahora, y llevadlo al maestresala», quien descubre que las tinajas están llenas del vino más fino.

Jesús realizó este milagro en presencia de los hombres que acababan de empezar a seguirlo, demostrando cómo es la gracia abundante y pródiga: casi ciento ochenta galones de ella. Jesús nos llama a seguirlo. Para nosotros, esta es una gran decisión. De todo corazón esperamos que sea una buena decisión. Entonces, igual que hizo con sus discípulos, Jesús nos da una muestra de cómo es seguirlo. Podría tratarse de algo dramático (ve arriba) o solo de un suave empujón en la noche. Una tranquila vocecita podría susurrar: «Estás haciendo lo correcto. Seré tu Buen Pastor. Estás a salvo. Te conozco. Puedes seguirme. Puedes confiar en mí».

En Salmos 34, David el rey-pastor, se alegra en esta compañía especial con el Buen Pastor: «Gustad, y ved que es bueno Jehová; dichoso el hombre que confía en él» (v. 8). En este salmo que sigue solo unas cuantas páginas después del «Salmo del Pastor», David nos ofrece una pista de cómo es seguir al Señor. El Señor era el Pastor de David. También es el tuyo. Y el mío.

Más que simple poesía

Una historia contada a menudo habla de un actor famoso que dio un discurso después de la cena. En la versión que conozco de la historia, el actor preguntó a su audiencia si les gustaría que recitara un poema. Se hizo un gran silencio hasta que un viejo vicario levantó la mano y gritó: «Salmos 23, por favor». El actor aceptó con la condición de que el pastor mismo también recitara el salmo después que él.

El actor fue primero, recitando impecablemente el Salmo del Pastor. Dramática inflexión y pausas teatrales resaltaron la refinada recitación. Cuando el actor concluyó, recibió un aplauso entusiasta. Reconociendo la aclamación con una reverencia cortés, entonces gesticuló hacia el ministro. El anciano caminó solícitamente hacia el podio y de modo lento y deliberado, de todo corazón recitó el salmo:

> Jehová es mi pastor; nada me faltará. En lugares de delicados pastos me hará descansar; junto a aguas de reposo me pastoreará. Confortará mi alma; me guiará por sendas de justicia por amor de su nombre. Aunque ande en valle de sombra de muerte, no temeré mal alguno, porque tú estarás conmigo; tu vara y tu cayado me infundirán aliento. Aderezas mesa delante de mí en presencia de mis angustiadores; unges mi cabeza con aceite; mi copa está rebosando. Ciertamente el bien y la misericordia me seguirán todos los días de mi vida, y en la casa de Jehová moraré por largos días.

Cuando terminó, el ministro regresó con cuidado a su puesto y se sentó. Un silencio casi santo recorrió el enorme salón. El actor, conmovido igual que el resto de la audiencia, volvió al podio. Después de unos instantes recobró sus desbordantes emociones. «¿Saben ustedes la diferencia entre mi recitación y la de él del salmo veintitrés? —preguntó, y sin esperar respuesta continuó—. Memoricé este salmo. Lo aprendí en la escuela de actuación. He recitado muchas veces este clásico delante de audiencias como ustedes». El hombre hizo una pausa, y mirando con amabilidad al ministro, declaró: «Conozco el salmo. Pero usted, mi amigo, conoce al Pastor».

Nunca es demasiado tarde

Nancy y yo tenemos una amiga cercana cuyos padres nunca asistieron a la iglesia ni mostraron algún interés en las cosas de Dios. A medida que crecía, ella contaba y volvía a contar a su madre la historia de Jesús y su amor redentor. «Esto está bien para personas débiles —replicaba su madre—, pero yo soy fuerte».

No hace mucho tiempo, la madre de nuestra amiga sufrió una enfermedad terminal. Su hija permaneció al lado de su cama, cantando y recitando pasajes de la Biblia, incluso el Salmo 23.

—Ahora estoy débil —le dijo en ese momento a su hija.

—Conoces el evangelio tan bien como yo —le dijo nuestra amiga a su madre—. Pero no creo que conozcas al Pastor.

—Tienes razón —contestó la anciana—. ¿Quieres hablarme de Él?

Y allí, justo antes que su madre diera el último suspiro, esta hija tuvo la gran alegría de presentar a su madre al Buen Pastor.

Tú y yo somos débiles. Si hacemos a un lado nuestro orgullo y nuestra falsedad, sabremos lo débiles que somos. Necesitamos un pastor. Necesitamos al Pastor.

Conoces respecto de Él.

Ahora puedes conocerlo.

Bendición

Esta es una de mis «palabras finales» favoritas en la Biblia. ¿Podemos imaginar esta oración pronunciada sobre ti y sobre mí, hombres que han sido llamados a liderar... y a seguir?

El Dios de paz que resucitó de los muertos a nuestro Señor Jesucristo, el gran pastor de las ovejas, por la sangre del pacto eterno, os haga aptos en toda obra buena para que hagáis su voluntad, haciendo él en vosotros lo que es agradable delante de él por Jesucristo; al cual sea la gloria por los siglos de los siglos. Amén (Hebreos 13:20-21).

APÉNDICE

CÓMO ACEPTAR AL BUEN PASTOR COMO TU BUEN PASTOR

Cuando entras a un enorme centro comercial, por lo general te recibe un gran mapa iluminado que muestra la distribución de los locales. Si buscas una maleta, un par de zapatos o un regalo para tu esposa, puedes encontrar el almacén adecuado en el directorio. Pero antes de salir hacia tu destino hay algo importante que debes hacer primero. Debes encontrar el pequeño marcador en el mapa que dice: «Usted está aquí».

Una vez identificado ese punto, puedes caminar en la dirección correcta.

Ser salvo

Quizá equiparas la expresión «ser salvo» con los antiguos predicadores que cabalgaban de ciudad en ciudad preguntando a la gente: «¿Eres salvo?».

Puedes incluso estremecerte ante la franqueza de estas palabras.

Parecen arcaicas. Pero cuando estás sin vida en el fondo del océano y no conoces a Jesús como tu Pastor, estás muerto (Efesios 2:1), no necesitas un discurso motivacional o una hermosa ilustración. Ni siquiera necesitas que te lancen un salvavidas desde la cubierta de un barco. Has perecido. Estás a temperatura ambiente. Como un comprador desconcertado en el centro comercial, debes averiguar dónde estás. Necesitas un Salvador.

TAL VEZ TÚ Y NATHAN TENGAN ALGO EN COMÚN. ¿PODRÍA SER QUE CONOZCAS *ACERCA* DEL BUEN PASTOR, PERO QUE NO *CONOZCAS* AL BUEN PASTOR?

Hace algunos meses recibí un texto de emergencia de un amigo cercano pidiéndome que lo llamara lo antes posible. Había conocido a Nathan por varios años. Él se había criado asistiendo a la iglesia y sabía bastante acerca de Jesús y la salvación. Pero las cosas no estaban saliendo bien en su negocio y se hallaba desesperado. Lo llamé de inmediato y cuando contestó, se puso a llorar. Esperé hasta que recuperara la compostura. Entonces me informó lo que estaba sucediendo.

Después de algunos minutos de conversación sobre algo más que su lucha comercial, su corazón y la importante crisis allí, le pregunté a Nathan si le gustaría «invitar a Jesucristo a que le salvara».

«Sí, me gustaría», contestó mi amigo. Durante más o menos los siguientes veinte minutos le ayudé a pasar de muerte a vida. Al final de nuestra conversación telefónica, Nathan y yo oramos. Él confesó su pecado y su necesidad de un Salvador, y luego invitó a Cristo (su Salvador, su Pastor) a entrar a su vida y salvarlo.

Tal vez tú y Nathan tengan algo en común. ¿Podría ser que conozcas *acerca* del Buen Pastor, pero que no *conozcas* al Buen Pastor? Puedes invitarlo a entrar en tu vida ahora mismo, así como hizo Nathan.

Cuando las tormentas azotan tu vida

Hace varios años escribí un libro titulado *Siete cosas que debes tener claras antes que las tormentas azoten tu vida*. Si estás donde

Nathan se hallaba cuando me envió el mensaje de emergencia, quizá lo que digo allí sería útil.

Las tormentas azotan en formas distintas. Para Nathan fue un desastre comercial. Para ti podría ser un diagnóstico médico o un grave problema en tu matrimonio. Y las crisis surgen por razones diferentes. En ocasiones, los problemas son el resultado de decisiones tontas que tomamos nosotros mismos. La parábola de Jesús sobre el hijo pródigo (Lucas 15:11-32) es la historia de alguien que tocó fondo a causa de sus propias decisiones. Él atrajo los problemas sobre sí mismo.

Pero la tormenta también puede azotar debido a la decisión insensata de otra persona. Algunas personas que miran fijamente el cañón de una pistola son víctimas de las fechorías de otras. Una mujer se sentó una vez en nuestra sala para contarle a Bobbie una dolorosa historia de maltrato físico y emocional a manos de su padre, que le dejó terribles cicatrices. Su trágica historia hace recordar la parábola de la moneda perdida (Lucas 15:8-10). Las monedas no tienen la voluntad o capacidad de perderse. No se arrastran hasta algún lugar secreto bajo su propio poder. Pero debido a la negligencia de sus propietarios pueden estar fuera de lugar. Sus problemas no los crean ellas mismas.

Además, la tormenta puede azotar debido a una tragedia inesperada. Los noticieros están llenos de historias de devastación y caos: «Tornados arrasan varios estados y dejan 15 muertos», «Director de escuela baleado», «Aumenta violencia de ISIS, cristianos decapitados». A veces la Internet no es la única fuente de temor. Te golpea una enfermedad que amenaza tu vida. El hijo de tu amigo resulta gravemente herido en un accidente automovilístico. Roban tu casa. Alguien que recibe un diagnóstico de cáncer o que se encuentra en el camino de un auto descontrolado tal vez no haya cometido ninguna decisión insensata, pero el trauma que enfrenta no es menos sorprendente.

En ocasiones es útil identificar el motivo de la crisis que enfrentas. Pero por tentador que sea pasar tiempo analizando razones, existe el peligro de estancarse allí. Regodearse en algo del pasado que no podemos controlar o que cambiar es contraproducente. Los «si tan solo» de nuestras decisiones tontas o nuestra amargura hacia los culpables no ayudarán con lo que enfrentamos ahora. Y protestar por nuestra situación o insistir en nuestra inocencia no nos transformará.

Alguien ha dicho sabiamente que no importa lo que nos sucede; es lo que *sucede* a lo que nos sucede lo que realmente importa. Podría ser interesante durante el café hablar con un amigo cercano respecto al origen de la tragedia, la razón por la que la tormenta azota. Sin embargo, lo que *hacemos* en el momento es lo que importa.

ALGUIEN HA DICHO SABIAMENTE QUE NO IMPORTA LO QUE NOS SUCEDE; ES LO QUE *SUCEDE* A LO QUE NOS SUCEDE LO QUE REALMENTE IMPORTA.

El apóstol Pablo resuelve el asunto de mirar atrás: «Olvidando ciertamente lo que queda atrás, y extendiéndome a lo que está delante, prosigo a la meta, al premio del supremo llamamiento de Dios en Cristo Jesús» (Filipenses 3:13-14). Podría ser tentador llamar a Pablo un idealista alejado de la realidad. No lo es, porque antecede su consejo con esto: «Hermanos, yo mismo no pretendo haberlo ya alcanzado; pero una cosa hago» (3:13a).

Previsiblemente, esta determinación de no pensar en el pasado es difícil, igual que lo es despojarse de la amargura o el remordimiento. Sin embargo, ¿qué decide Pablo? Decide *hacer* algo: «una cosa *hago*»: *Olvidaré* el pasado.

Cuando la tormenta azota, quitemos la excusa y dejemos al descubierto exactamente quiénes somos. C. S. Lewis escribió: «¿No es cierto que lo que un hombre hace cuando es sorprendido fuera de guardia es lo que revela lo que es en realidad?».[1]

Lo bien que actuemos cuando la tormenta azota depende de lo bien que nos preparemos para ella *ahora mismo*, mucho antes que llegue la devastación. Haber establecido lo fundamental (aclarar las cosas) puede prepararnos para cualquier cosa. Esto es algo que podemos *hacer*.

Cuando llegue el momento (y *llegará* para nosotros) y tu corazón se llene de pánico indescriptible, los siete aspectos que tengas claros te proporcionarán consuelo y confianza. Al igual que una viga de acero debajo de una carga pesada, estas verdades bíblicas sólidas como la roca te sustentarán. Haber construido una vida interior piadosa habrá sido la *mejor* preparación.

Por eso, he aquí algunos aspectos que debemos tener claros, verdades para aprender, verdades que proporcionan exactamente lo que necesitamos.

Consideremos estos siete aspectos uno a la vez.

1. Dios es Dios

La noticia que el Señor le dio en la zarza ardiente a un inseguro y temeroso Moisés sigue siendo cierta: «YO SOY EL QUE SOY». Pudo haber añadido: «Y tú no lo eres».

Al igual que la seguridad que un niño siente cuando agarra la mano de su padre, la seguridad de que no estamos solos es un regalo del gran «YO SOY». Él está aquí y tiene el control. En momentos trágicos, el hecho de que Dios es Dios nos proporciona más refugio del que podemos imaginar... y es exactamente lo que necesitamos.

AL IGUAL QUE LA SEGURIDAD QUE UN NIÑO SIENTE CUANDO AGARRA LA MANO DE SU PADRE, LA SEGURIDAD DE QUE NO ESTAMOS SOLOS ES UN REGALO DEL GRAN «YO SOY». ÉL ESTÁ AQUÍ Y TIENE EL CONTROL.

Como un padre que observa al hijo en el patio de juegos, Dios siempre está cuidándonos con una mirada tierna. Él es Dios. «Dios es nuestro amparo y fortaleza, nuestro pronto auxilio en las tribulaciones. Por tanto, no temeremos, aunque la tierra sea removida, y se traspasen los montes al corazón del mar» (Salmos 46:1-2).

Dios es el Creador

Cuando la tragedia golpea, es una gran seguridad saber que Dios nos formó. «Somos hechura suya», nos dice Pablo (Efesios

2:10); pudo haber agregado: «No hay nada respecto a nosotros que Él no sepa y ame».

El libro que sostienes ahora es «algo hecho». Al sentarte a leerlo, nunca habrá un momento de duda en que *alguien* imprimió sus páginas y las encuadernó en un libro. Si levantas la vista de esta página, verás más «cosas hechas»: Tejidos, muebles, lámparas. Si alguien tratara de convencerte de que simplemente aparecieron sin un diseñador o un constructor, reirías.

Tú y yo también somos «cosas hechas». Nuestros ojos, nuestras extremidades, nuestros órganos internos fueron hechos a la medida, hechos por encargo... por Dios. Él sabe todo respecto a nosotros físicamente.

No solo Él creó nuestro físico, sino que también diseñó nuestras emociones: la euforia y la satisfacción que sentimos, así como la ansiedad, el enojo y el pánico. Él entiende esas emociones. Ningún sentimiento que experimentemos lo sorprende. Él nos hizo.

Y no solo nos hizo a ti y a mí, sino que la inmensidad del universo también es creación de Dios, puesto en su lugar por orden de Él. Igual pasa con el brillo de la puesta del sol y el conjunto variado de estrellas que sigue, los halcones que vuelan por encima sin batir las alas y los delicados pétalos de las flores silvestres en el campo frente a tu casa... todo esto es hechura suya.

Y NO SOLO NOS HIZO A TI Y A MÍ, SINO QUE LA INMENSIDAD DEL UNIVERSO TAMBIÉN ES CREACIÓN DE DIOS, PUESTO EN SU LUGAR POR ORDEN DE ÉL.

Dios es santo

Aunque palabras como *perfecto, limpio* y *separado* pueden ayudarnos a entender lo que significa «santo», todavía se quedan cortas. La santidad de Dios, su perfección, es un misterio que no puede explicarse o comprenderse por completo.

Fue la santidad de Dios lo que abrumó a hombres y mujeres en la Biblia, postrándolos rostro en tierra ante la impresionante presencia divina. Imagina cómo te sentirías si mañana por la mañana entraras a la cocina y Jesucristo estuviera sentado a la mesa, revolviendo una taza de café recién hecho y esperándote. Quedarías abrumado. Totalmente mudo. La experiencia de ver su magnificencia sería más de lo que podrías soportar. La Biblia está llena de historias de personas que quedaron abrumadas simplemente por estar en la santa presencia de Dios.

La Biblia está llena de historias de personas que quedaron abrumadas simplemente por estar en la santa presencia de Dios.

Cuando vienen los problemas, un Dios santo es el especialista más calificado en el cosmos. Su perfección es segura. Conocer su carácter y confiar en quién es Él cuando llega la crisis produce inexpresable seguridad. Él es lo mejor de la eternidad. Nadie, ni *nada*, se le iguala. Dios es santo.

Dios es soberano

Dios está activo y participa en su creación veinticuatro horas al día, siete días a la semana. No solo hizo nuestros cuerpos; su participación continúa momento a momento. Él convierte nuestro alimento en combustible. Cuando inhalamos, Él dice a nuestros cuerpos exactamente qué hacer con el aire que acabamos de aspirar. Cuando nuestros hijos se raspan la rodilla, el poder curador de Dios entra en acción y crea una costra para que la herida tenga una cubierta protectora. Y después de caer en la cama completamente agotados al final de un día ajetreado, despertamos a la mañana siguiente sintiéndonos descansados porque Dios nos restauró durante la noche. Estas acciones son parte del *continuo* milagro creativo de Dios en nuestros cuerpos.

De todos los atributos de Dios, su misericordia es lo más reconfortante, especialmente cuando la calamidad toca a nuestra puerta.

Dios además participa en las actividades y los sucesos de nuestras vidas... y del mundo. Lo sabe todo, da su consentimiento personal y ordena la secuencia de todo. A veces su permiso incluye aquellas cosas que hacen parecer que la tormenta azota. Pero por terrible que el momento pueda parecernos, Dios nunca se sorprende. Nunca. Él sabía que esto iba a venir. Dios ya ha estado allí.

Él nos formó y aún está involucrado.

Dios es misericordioso

De todos los atributos de Dios, su misericordia es lo más reconfortante, especialmente cuando la calamidad toca a nuestra puerta. La presencia de Dios es consoladora. Su santidad levanta nuestra estima por Él. Nos maravillamos de su creación. Y su soberanía nos asegura que la vida no es algo al azar y sin sentido. Pero es la misericordia de Dios la que llena nuestros corazones de confianza.

El rey David, quien sabía sobre el azote de la tormenta, cantó de esta seguridad en Salmos 103:

> Misericordioso y clemente es Jehová; lento para la ira, y grande en misericordia. No contenderá para siempre, ni para siempre guardará el enojo. No ha hecho con nosotros conforme a nuestras iniquidades, ni nos ha pagado conforme a nuestros pecados. Porque como la altura de los cielos sobre la tierra, engrandeció su misericordia sobre los que le temen. Cuanto está lejos el oriente del occidente, hizo alejar de nosotros nuestras rebeliones. Como el padre se compadece de los hijos, se compadece Jehová de los que le temen. Porque él conoce nuestra condición; se acuerda de que somos polvo (vv. 8-14).

A pesar de que Dios tiene el derecho y el poder de ser implacable, especialmente cuando el desastre es culpa nuestra, Él está lleno de amor. Es compasivo y paciente con nosotros.

Lo primero que debemos tener claro es que Dios es Dios. Esto sienta las bases para estar listos.

2. La Biblia es la Palabra de Dios

Con más de treinta mil millones de ejemplares impresos, la Biblia es el libro más vendido de todos los tiempos. ¿Y por qué se venden tanto estos libros de éxito? Porque la gente habla de ellos con emoción.

Tuve el privilegio de criarme en un hogar donde se apreciaba la Biblia, pero las historias que leí de *El libro de los mártires* de Juan Fox me dieron una reverencia especial por la Palabra de Dios. Personas reales (papás, mamás e hijos) fueron quemadas en la hoguera porque se negaron a dejar de traducir, imprimir, distribuir o leer la Biblia. No negarían la verdad de la Palabra.

La persecución no ha desaparecido. Hace poco tiempo, Abdul Rahman, de cuarenta y un años de edad, fue arrestado por las autoridades afganas y sentenciado a muerte. ¿Su crimen? Poseía una Biblia. La mayoría de expertos coincide en que sin la protesta de las naciones que se habían sacrificado para liberar a Afganistán, Rahman habría sido decapitado. Como resultado, él fue liberado y de inmediato exiliado a Italia basándose en que estaba mentalmente enfermo.

CON MÁS DE TREINTA MIL MILLONES DE EJEMPLARES IMPRESOS, LA BIBLIA ES EL LIBRO MÁS VENDIDO DE TODOS LOS TIEMPOS.

Nada en Afganistán era más peligroso que poseer un ejemplar de la Biblia, ni siquiera la posesión de drogas o explosivos ilegales.

¿Por qué es cierto esto? Porque nada *es* más peligroso que la Palabra de Dios. Esta gente tiene razón. La Biblia tiene el poder de condenar a los culpables y redimir a los perdidos. Habla de la humanidad caída y confinada eternamente sin esperanza, y de un Salvador redentor. La Biblia libera de condenación y proporciona un plan para ser salvos de la muerte.

Esto es verdad de Dios.

3. La humanidad está eternamente perdida y necesita un Salvador

El mensaje de la condición pérdida universal de la humanidad es difícil de creer. Llenamos coliseos para oír a oradores entusiastas que nos hablan de nuestra gran potencialidad inexplorada. Los materiales motivacionales se venden por miles y miles a aspirantes a empresarios. Grandes corporaciones patrocinan charlas de motivación para inspirar a sus empleados a la productividad y el aumento de ventas. Incluso clérigos son tentados a llenar sus iglesias al predicar un evangelio de «puedes hacerlo» y «la fe es divertida, satisfactoria y buena para ti». Perdición y pecaminosidad son difíciles de comercializar.

PERDICIÓN Y PECAMINOSIDAD SON DIFÍCILES DE COMERCIALIZAR.

Pero así como reconocer nuestra hambre nos lleva a la mesa, confesar nuestro pecado nos eleva a un Salvador. Este es un ingrediente esencial en nuestra preparación para la inevitabilidad de que la tormenta azote.

Es irónico que la desesperación y la impotencia que podríamos *sentir*, especialmente en medio de una crisis, sea una *realidad* todo el tiempo. Sin un Salvador estamos perdidos. Conseguir un ascenso, comprar un auto nuevo, celebrar un cumpleaños con amigos, ganar el gran partido, convertirse en padre por primera vez, todas estas son experiencias maravillosas. Pero a veces pueden ocultar nuestro sentimiento de perdición, nuestra muerte segura.

Tú y yo estamos perdidos. Estamos muertos en nuestros pecados. Necesitamos un Salvador.

4. Jesucristo murió para redimir a la humanidad

Cuando Bobbie y yo estábamos recién casados, algunos amigos nos ofrecieron su Sunfish para ir a navegar al lago Michigan. Si nunca has visto un Sunfish, es esencialmente una enorme tabla hawaiana con una vela. Acepté el ofrecimiento sin hacer preguntas, ni siquiera las básicas como «¿Cómo navega alguien que nunca ha navegado?». Supongo que no las hice porque estaba demasiado ansioso de impresionar a mi esposa. No fue una buena decisión.

El día estaba despejado, la brisa era cálida y precisa para una pequeña embarcación como la nuestra. Pero el paseo fue un desastre. No pude lograr que el bote hiciera algo bien. Mi frustración fue superada solo por mi vergüenza. Con una excusa tonta de por qué el Sunfish se negaba a funcionar adecuadamente, devolví la embarcación y nos fuimos a casa.

Al día siguiente, el dueño llamó para ver cómo había resultado nuestra aventura. Admití «algo de frustración».

—¿Pusiste la tabla central? —preguntó el dueño.

—¿Cuál tabla central? —respondí no lo bastante rápido como para ocultar mi ineptitud.

Jesucristo es la tabla central de la historia. Afirmamos esto cada vez que escribimos la fecha. Todos los años desde la creación hasta la Navidad, antes de Cristo, «a.C.» son una cuenta regresiva hasta Cristo. Y cada año desde entonces es «d.C.» o año de nuestro Señor. Su encarnación divide la historia.

JESUCRISTO ES LA TABLA CENTRAL DE LA HISTORIA. AFIRMAMOS ESTO CADA VEZ QUE ESCRIBIMOS LA FECHA.

Hoy día, Jesucristo provee estabilidad y dirección en los vientos cruzados y los peligros de la vida. Nos da firmeza, seguridad, poder, tranquilidad y fortaleza cuando azotan todas las tormentas.

La vida, muerte y resurrección de Cristo nos proporcionan perdón eterno por nuestro pecado (fundamento para nuestra perdición) y paz con un Dios santo. La vida sin Jesús es vida sin dirección, sin compañía... sin un Salvador.

La vida sin Jesús significa enfrentar la tragedia sin una tabla central.

5. La fe y la gracia son dádivas

Durante los primeros días de mi carrera, escribir reportes promocionales para libros era una de mis tareas. La experiencia me enseñó a hacer la pregunta: «¿Y eso qué importa?». Si un posible cliente no podía encontrar la respuesta a la pregunta «¿Y eso qué importa?» en la primera o segunda frase, devolvía la copia a la mesa de dibujo.

Una persona sincera e inquisitiva pudiera leer que «Dios es Dios» y que «la Biblia es la Palabra de Dios». Pudiera recordar que está «perdida y necesita un Salvador», y que «Jesucristo es Dios».

Tal persona incluso pudiera concordar en que estas cosas son ciertas y, sin embargo, podría preguntarse: «¿Y eso qué importa?».

Pero recibir las dádivas de fe y gracia cambia todo. Con fe y gracia, los primeros cuatro peldaños se vuelven personales. El Dios de la creación es *mi* Padre celestial. La Palabra de Dios *me* narra su historia y descubre la verdad de *mi* pecado y *mi* salvación. *Mi* condición perdida me lleva a Jesucristo, quien entregó su vida para ser *mi* Salvador. Recibo su gracia. Y como una tarjeta sobre la mesa en una cena lujosa, su gracia tiene *mi* nombre en ella.

Esto puede parecer egocéntrico, pero no lo es. La gracia de Dios está destinada a ser vertida primero en tu corazón. Incluso la azafata te dice que te pongas tu propia máscara de oxígeno antes de ayudar a otros con las suyas.

Pero se necesita fe para recibir este don personalizado de gracia.

Jesús contó la historia de una mujer, una viuda, que fue agredida por un adversario (Lucas 18:2-8) y que acudió ante un juez injusto para abogar por su caso. Día tras día, la viuda hizo caso omiso al decoro, haciendo todo lo posible por llamar la atención del juez. Este trataba de no hacerle caso, pero Jesús dice que este juez temía que ella le «agote la paciencia». Así que cedió y escuchó el caso, concediéndole la justicia que la mujer merecía.

AL IGUAL QUE LA GRACIA, LA FE ES UN DON QUE ESPERA SER RECIBIDO. Y CUANDO RECIBIMOS EL DON DE LA FE, LA VERDAD SE VUELVE EXPERIENCIA PERSONAL.

Luego Jesús declaró: «Aprendan una lección de este juez injusto. Si hasta él dio un veredicto justo al final, ¿acaso no creen que Dios hará justicia a su pueblo escogido que clama a él día y noche? ¿Seguirá aplazando su respuesta? Les digo, ¡él pronto les hará justicia! Pero cuando el Hijo del Hombre regrese, ¿a cuántas personas con fe encontrará en la tierra?» (Lucas 18:6-8, NTV).

Al contar la historia, Jesús no criticó el hecho de que la mujer suplicara por sí misma y no por otros. Ella reclamó la atención del juez por su *propio* caso y creyó que él oiría *su* petición. Jesús llamó fe a la persistencia de la viuda.

Podrías decir: «Yo no tengo esa clase de fe». Por supuesto que no. Pero Dios se la *dará* a cualquiera que pida. Al igual que la gracia, la fe es un don que espera ser recibido. Y cuando recibimos el don de la fe, la verdad se vuelve experiencia personal.

He aquí cómo sucede esto. «Si confesares con tu boca que Jesús es el Señor, y creyeres en tu corazón que Dios le levantó de los muertos, serás salvo. Porque con el corazón se cree para justicia, pero con la boca se confiesa para salvación» (Romanos 10:9-10).

Este fue el versículo que leí a mi amigo Nathan esa mañana. Momentos después él y yo oramos juntos y fue salvo.

6. Fe y buenas obras son uno

Durante siglos ha surgido un argumento entre los teólogos acerca de qué es más importante: la fe o las buenas obras. La respuesta es ambas cosas.

Qué creemos no puede ni debe separarse de cómo actuamos. Lo que afirmamos como verdad debería tener un efecto discernible sobre nuestra conducta. Don Quijote bromeó: «La prueba del pudín está en comer», y el apóstol Santiago lo puso de este modo: «Muéstrame tu fe sin tus obras, y yo te mostraré mi fe por mis obras» (Santiago 2:18).

¿De qué sirve creer en Dios, la Biblia y Jesús si nuestras vidas no están alineadas? Nuestra fe no se nubla cuando estamos en una «acalorada discusión» con nuestra esposa. Aquí es donde debería *aparecer.*

Nuestra fe no se escabulle cuando salimos de la ciudad con nuestros amigos. Aquí es donde *debería* aparecer.

No pulsamos la tecla de borrar en nuestras creencias cuando estamos sentados ante nuestra pantalla de computadora. Aquí es donde *debería* aparecer.

Nuestra fe no queda inactiva cuando la tormenta azota. *Aquí* es donde debería aparecer.

Pablo escribió: «El *Espíritu de Dios* nos hace amar a los demás, estar siempre alegres y vivir en paz con todos. Nos hace ser pacientes y amables, y tratar bien a los demás, tener confianza en Dios, ser humildes, y saber controlar nuestros malos deseos» (Gálatas 5:22-23, TLA).

Vivir esta desafiante lista de características no nos convierte en creyentes. Pero si tú y yo *somos* seguidores de Cristo, nuestras vidas deberían estar marcadas por este comportamiento completamente integrado y distinto. Y la obra que participa no es del tipo «darlo todo», como cuando corremos los últimos cien metros. La «obra» está en entregar el control al Espíritu Santo de Dios... entonces Él hace el resto.

Al igual que ingredientes puestos en un tazón y «revueltos hasta tener una consistencia completa», nuestra fe y nuestras obras se hacen indistinguibles entre sí. Lo que creemos toma el control de lo que pensamos. Y nuestro pensamiento se transforma porque hemos recibido de Dios el don de la fe. Por ejemplo, la evidencia de que hemos recibido este don se muestra en la manera en que hablamos a los demás y actuamos con ellos, incluso nuestra esposa y nuestros hijos.

Ninguna cámara oculta podría contradecir quiénes afirmamos ser. E incluso en medio de los escenarios a los que nos hemos referido, nuestra conducta cuando la tormenta azota será coherente con quienes afirmamos ser, y con cómo actuamos en lo común y corriente.

Esto es muy importante. Antes de que renuncies y pienses: *En realidad no soy cristiano porque sigo equivocándome*, vuelve a escuchar la provisión divina. Ya que hemos recibido los dones divinos de la gracia y la fe, tenemos el poder de volver a encarrilarnos cuando fallamos. Reconocemos a Dios por quién Él es; reconocemos que la sangre de Jesucristo limpia nuestro pecado; nos arrepentimos; gracias a Dios recibimos su gracia y pedimos su poder para ser y hacer lo que Él desea.

7. La iglesia es idea de Dios

Mucho de lo que hemos analizado involucra nuestras creencias y actividades individuales. Pero una vez que lo básico está en su lugar, es necesario recalcar que la vida cristiana no se diseñó para vivirla en aislamiento. Como un pelotón que asalta una colina y ataca una posición enemiga en tiempos de guerra, podemos contar con el apoyo de soldados compañeros.

NUESTRA FE NO SE ESCABULLE CUANDO SALIMOS DE LA CIUDAD CON NUESTROS AMIGOS. AQUÍ ES DONDE *DEBERÍA* APARECER.

La iglesia, una comunidad especial de compañeros durante los buenos tiempos y las fuerzas élites de Dios cuando estamos bajo fuego, es idea de Dios. «Para afilar el hierro, la lima; para ser mejor persona, el amigo» (Proverbios 27:17, TLA). Nuestra iglesia local es el lugar donde encontramos este «hierro».

Santiago añade más de la sabiduría de Dios cuando exhorta: «Confesaos vuestras ofensas unos a otros, y orad unos por otros, para que seáis sanados. La oración eficaz del justo puede mucho» (Santiago 5:16). En la iglesia encontramos amigos «justos»: personas con quienes podemos unirnos, aprender juntos y crecer juntos. Son los camaradas que orarán por nosotros y por quienes oraremos. La iglesia es donde nos enseñan la verdad, donde nos animan, nos fortalecen y somos sanados. Debido a la iglesia, nunca enfrentaremos tragedia sin el consuelo de personas reunidas a nuestro alrededor para compartir nuestro sufrimiento.

DEBIDO A LA IGLESIA, NUNCA ENFRENTAREMOS TRAGEDIA SIN EL CONSUELO DE PERSONAS REUNIDAS A NUESTRO ALREDEDOR PARA COMPARTIR NUESTRO SUFRIMIENTO.

En el plan soberano de Dios, Jesucristo vino a la tierra y reunió a su alrededor a doce hombres para que participaran en la experiencia de caminar juntos. Sin duda Jesús podía cumplir su tarea por sí mismo. Y es indudable que hubo ocasiones en que los discípulos obstaculizaron el camino. Pero Jesús dio ejemplo de cómo debía experimentarse nuestro viaje con Él, y esto no sucedería estando solos sino en comunidad.

De la misma manera que sobrevivir solo durante un huracán

es una idea muy mala, vivir en aislamiento nunca funcionará. La iglesia es idea de Dios.

Estar siempre listos

Hace muchos años, al prepararme para enseñar estos «siete aspectos», imaginé vecinos que llegaban a mi puerta y decían: «Hemos incursionado en el cristianismo, pero nos gustaría tomarlo en serio, y quisiéramos que *tú* nos enseñaras los fundamentos de la fe cristiana». Mi objetivo era hacer que el núcleo de creencias cristianas fuera comprensible, inolvidable y fácil de enseñar. Mi inspiración fue la amonestación del apóstol Pedro a la iglesia primitiva: «Santificad a Dios el Señor en vuestros corazones, y estad siempre preparados para presentar defensa con mansedumbre y reverencia ante todo el que os demande razón de la esperanza que hay en vosotros» (1 Pedro 3:15).

Poder responder a los vecinos que imaginé en mi puerta me motivó a tratar de dividir los conceptos básicos en pequeñas dosis. Pero ayudar a otros a estar preparados para enseñar lo mismo fue aún más emocionante.

Digamos que los vecinos están ante *tu* puerta preguntándote si estarías dispuesto a enseñarles los fundamentos de tu fe cristiana. Nuestro análisis de los siete aspectos te ha preparado para esto. No tienes que ponerte a buen recaudo, deseando con desesperación que alguien más pueda contestar el timbre.

Otra clase de preparación

Hay preparación tipo «suéter en la maleta», «ventanas contra tormentas» y «construcción sobre la roca». Esta es la clase de «preparación» de la que nos habla el meteorólogo en el canal del tiempo cuando una tormenta se aproxima, la clase de «preparación» que ubica un extinguidor de incendios en un lugar accesible, la clase de «preparación» que enseña a nuestro hijo pequeño a marcar el número telefónico de emergencias.

Por maravilloso que sea cuando tus vecinos toquen tu timbre

y estés preparado para hablarles de tu fe, hay otro tipo de «preparación»: lo que tú y yo debemos ser antes que la tormenta azote: Listos con corazón bien preparado para cuando venga la crisis. La clave es anticipar la crisis, no esperar hasta que sea demasiado tarde para aclarar estos aspectos. Necesitamos un plan antes que la emergencia se nos venga encima.

Después de los ataques del 11 de septiembre de 2001, los miembros del Congreso se reunieron en las gradas del Capitolio. La tormenta había azotado ese día. El organismo legislativo más poderoso en la faz de la tierra finalmente presentaría un plan para una respuesta militar, pero antes que eso ocurriera, los presentes levantaron sus voces con cánticos. Entonaron: «Dios bendiga a América / La tierra que yo amo / De pie junto a ella, y se le guía / A través de la noche con una luz desde arriba».

Para un extraño, esto pudo haber parecido un gesto de patética impotencia. Pero sabemos que en el momento fue lo más importante que podían haber hecho. Prepararnos para el azote de la tormenta dejando en claro las verdades fundamentales no es un ejercicio inútil. Es lo más importante que podemos hacer.

Una nueva clase de peligro

Las dimensiones más temibles y peligrosas del miedo terrorista están encapsuladas en dos palabras: *terrorista suicida*. Décadas antes supimos de esta horrible estrategia de guerra. James A. Baldwin resumió así esta amenaza: «La creación más peligrosa de cualquier sociedad es el individuo que no tiene nada que perder».[2]

Goliat el filisteo conoció un poco de este tipo de peligro. Una mañana en el valle de Ela, este gigantesco guerrero desafiaba desvergonzadamente al ejército del Dios vivo con estas palabras: «Escoged de entre vosotros un hombre que venga contra mí. Si él pudiere pelear conmigo, y me venciere, nosotros seremos vuestros siervos; y si yo pudiere más que él, y lo venciere, vosotros seréis nuestros siervos y nos serviréis» (1 Samuel 17:8-9). Tras cuarenta días de las burlas de Goliat, el muchacho David aceptó el desafío y salió a su encuentro provisto de dos armas: una simple honda y nada que perder.

«Tú vienes a mí con espada y lanza y jabalina; mas yo vengo a ti en el nombre de Jehová de los ejércitos, el Dios de los escuadrones de Israel, a quien tú has provocado» (1 Samuel 17:45).

David sabía lo que tú y yo sabemos.

Prepararnos para la tormenta que nos caerá encima se basa en un solo aspecto: aferrarnos a lo que es cierto: Lo que sabemos acerca de Dios y su mensaje, lo que creemos acerca de nuestra condición perdida, nuestra fe en el poder redentor de Cristo para salvarnos y el poder colectivo de su pueblo reunido.

«LA CREACIÓN MÁS PELIGROSA DE CUALQUIER SOCIEDAD ES EL INDIVIDUO QUE NO TIENE NADA QUE PERDER».

No necesitamos nada más. Vale la pena morir por esta verdad.

Frente a la muerte, Pablo aseveró: «Ya no vivo yo, mas vive Cristo en mí» (Gálatas 2:20). El apóstol declaró desafiante: «Adelante, que la tormenta azote. No puedes matarme, ¡ya estoy muerto!». Cuando estas verdades son nuestras, tenemos todo que ganar y nada que perder, incluso durante grandes crisis o presión impensable.

Cuando era muchacho, tendido en el suelo detrás de una silla mullida y leyendo el *Libro de los mártires* de Fox, me llenaba de reverencia por las personas que enfrentaban con valor sus propias muertes en lugar de sucumbir a las exigencias de sus captores. Estos mártires se unieron a muchos héroes que habían precedido y que se convirtieron en una nube de testigos para alegrarme.

Fortalecidos solo con lo que sabían que era cierto y con la fe de enfrentar el mismo infierno, estas personas cambiaron el curso de la historia. Ahora Nathan, tú y yo podemos unirnos a ellos.

Reconocimientos

Aunque me he ganado la vida en otras actividades, la construcción casi siempre ha sido una forma de vida para mí desde que tenía dieciocho años y obtuve mi primer gusto del negocio. Aventuras de realizar proyectos se han registrado en álbumes de recortes que están... este... veamos. Después de varias mudanzas en los últimos años, no estoy muy seguro de dónde están esos álbumes. Deben estar en alguna parte. De todos modos, son ciertos. Muchos proyectos.

Casi todas las cosas de construcción que he logrado han estado relacionadas con nuestra familia. Una construcción importante se inició primero con mis hijas Missy y Julia cuando eran jóvenes. Y luego, después que se casaron, con sus esposos, Jon y Christopher.

Durante el verano de 2016, mientras me hallaba pasando por los rigores editoriales de terminar, presentar, corregir, volver a escribir y corregir este manuscrito, realicé dos proyectos de construcción. El primero fue la extensión de la terraza trasera de nuestra casa, que antes era de casi cincuenta metros cuadrados. Ahora es de cien y ya ha acogido muchas celebraciones.

El segundo proyecto fue una aventura mucho más pequeña: colocar baldosas en el pórtico de concreto frente a la casa.

Al volver a solicitar a mis hijas y sus esposos como aprendices... lo que aún sé en cuanto a construir proyectos es que, aunque yo pueda ser quien tiene la idea y quizá sea el más experimentado u osado, no puedo (no debería) emprender solo estos planes.

Siempre encuentro a una o dos personas que se acercan y ayudan. Esto hace el trabajo más eficiente, sin problemas y seguro, y en realidad hace la experiencia mucho más inolvidable. Incluso agradable.

Desde el momento que se redacta el primer párrafo para la proposición del libro que se presenta a las casas editoriales, hasta pulsar la tecla «enviar» al final, la última corrección, cada escritor lleva personas consigo. A veces muchísimas. Esta realidad también es mi historia.

Tal como mencioné en este libro, la idea de este manuscrito vino de una conversación durante la cena que tuve a principios de 2015 con mi amiga Nancy Leigh DeMoss. Sobre el salmón asado, dije: «Durante años tu ministerio ha inspirado la idea de la feminidad bíblica. Has retado con amor a cientos de miles de esposas a "dejar que sus esposos dirijan". Pero ¿qué pasa con estos hombres? ¿Quién va a decírselo? ¿Quién va a motivarlos a aceptar este maravilloso reto?». En ese momento nació este libro.

Estoy agradecido con Nancy (ahora mi preciosa esposa, confidente y editora personal del manuscrito) no solo desde el momento que se concibió esta idea sino todo el camino hasta el final en que, como ya mencioné, pulsé la tecla «enviar» por última vez.

También estoy agradecido por Missy y Julie, por su amor y apoyo todos estos años, ahora profundamente juntos hacia nuestra quinta década. Desde luego, la madre de ellas y esposa mía durante casi cuarenta y cinco años, Bobbie, formó primero en mi mente muchos de los conceptos que hallarás en este libro… los cuales vinieron de su estudio minucioso e incansable de la Palabra de Dios. Gracias a Bobbie.

Los esposos de Missy y Julie, Jon Schrader y Christopher Tassy, son maridos estupendos y amigos leales míos. Y no puedo olvidar a mis maravillosos nietos: Abby Schrader, Luke Schrader, Isaac Schrader, Harper Tassy y Ella Tassy. Gracias a todos ellos.

Cuando el manuscrito estaba tomando su forma final, varios amigos se unieron para ayudar. Tim Challes, Mark Hayes, Dale Alexander y Dale Murphy fueron de lo más serviciales.

Mi editora, Regnery Faith, está rodeada de profesionales consumados: Marji Ross, Tom Spence (mi corrector), Gary Terashita (y Bob DeMoss, predecesor de Gary), Alyssa Cordova, Lauren MacDonald, Emily Beasley y John Caruso.

Vengo de una familia grande... casi cien en este momento. Esta familia es tan grande porque mis padres (principalmente mi madre Grace) tuvo seis hijos. Estos hermanos y sus cónyuges aún están entre nuestros amigos más cercanos, y estoy muy agradecido por ellos: Stan y Rut Guillaume, Sam y Mary Gayle Wolgemuth, Ken y Sharon Wolgemuth, Dan y Mary Wolgemuth y Debbie Birkey. Estas personas son muy especiales; mientras más envejecemos, más cercanos nos volvemos.

Cuando Nancy y yo nos casamos en noviembre de 2015, me convertí en parte de su familia: su madre (a quien con gratitud llamo «mamá», ya que la mía entró al cielo en 2010), sus hermanas, Charlotte, Deborah (y su esposo Rene), y Elisabeth y sus hermanos Mark (y su esposa April) y Paul.

Además fui adoptado en un clan extra: la familia ministerial de Nancy. Estas personas han sido increíblemente amables al darme la bienvenida en Michigan, y he sido profundamente bendecido por estos nuevos amigos, entre ellos: Stacey Battenburg, Sandy Bixel, Jim y Linda Bever, Nathan y Katie Bollinger, Hugh y Renae Duncan, Del y Debra Fehsenfeld y sus tiernos hijos, Dennis y Carrie Gaul, Debbie Hancock, Dan y Melissa Jarvis, Martin y Helen Jones, Phil y Christy Krause, Hannah Kurtz, Dawn Leuschen, Tom y Kim Mathis, Nate y Robyn McLaurin, Mike y Chris Neises, Aaron y Victoria Paulus, Brent y Maggie Paulus, Byron y Sue Paulus (y su docena de nietos preciosos), Nate y Jess Paulus, Leanna Shepard, Mindy Sherwood, Tom y Carla Shier, Tom y Roz Sullivan, Angela Temples, Monica Vaught, Ed y Gayle Villalba, Graham Ward, y Bill y Tammy Zebell.

Nancy tiene siete amigas cercanas autodenominadas «La Hermandad». Desde los primeros días de mi cortejo con Nancy, estas mujeres han sido muy especiales. Puesto que también se han convertido en amigas mías y podría decir, en animadoras del esposo de Nancy, con aprecio las añado a esta lista de personas a quienes expreso mi más sincero agradecimiento.

Por más de una década, mi pastor, el doctor David Swanson, fue mi autodenominado «compinche». La Biblia se refiere a esta clase de hombres como «un amigo que es más unido que un hermano». Esto describe perfectamente a David. Estoy muy agradecido con él.

La mayoría de veces, un escritor agradece en los Reconocimientos a su agente. Esta vez mis agentes también son mis colegas en Wolgemuth & Associates, y su importante ayuda con este proyecto, junto con mi vida y mi trabajo cotidiano, nunca puede ser exagerado: Andrew Wolgemuth, Erik Wolgemuth, Austin Wilson y Susan Kreider. Gracias a todos ustedes.

Gracias a Michael Hyatt, mi hermano del alma y ex socio comercial durante casi dieciséis años. La única persona a quien pedí una aprobación, mi amigo Mike, fue muy gentil en prestar su buen nombre y sus palabras amables para la portada de este libro.

Estoy agradecido a Jesucristo, el Buen Pastor. Su guía y su cuidado han sido la salvación de esta oveja descarriada. Literalmente. Y por toda la eternidad estaré agradecido por su amor. Literalmente.

Por último, te agradezco a ti, lector de esta obra. Que hayas pasado algunas horas leyendo lo que he plasmado aquí es grandioso para mí. Y sinceramente confío en que estas horas te proporcionarán un tierno retorno a la inversión en tu vida, tu matrimonio y tu hogar.

Robert Wolgemuth

NOTAS

UNO: NO HAY MARCHA ATRÁS

1. Estoy consciente de que como hombre, Cortés no era un modelo de virtud. Lejos de ello. Como explorador pudo haber sido valiente, pero la historia afirma que no fue un esposo fiel y que su teología era un desastre... al realizar esta aventura con el fin de ganarse el favor de Dios. Algunos han acusado a Cortés de racismo descarado e inexcusable en sus conquistas. Es claro que estos aspectos no tienen excusa, pero con tu perdón, aun así me gustaría usar esta historia para demostrar algo.
2. Esopo, *Fábulas cortas para niños*, http://www.fabulasparaninos.com/2012/08/el-viento-y-el-sol.html.
3. http://www.biblebb.com/files/spurgeon/0762.htm.

DOS: LAS OVEJAS

1. Parte de esta información nos la facilitó el doctor David P. Murray, profesor del Antiguo Testamento y de teología práctica en el Seminario Teológico Puritano Reformado. Murray es un hombre muy brillante que nació en Escocia, donde el cardo es su símbolo nacional y hay más ovejas que personas... casi siete millones contra solo cinco millones. El país también tiene más de setecientas islas, lo cual es una suerte para las ovejas que intentan extraviarse de casa. Las ovejas pueden nadar. http://www.sermonaudio.com/sermoninfo.asp?SID=212111156369.
2. http://goo.gl/O9gk4t.

3. Poco después del anuncio de que mi firma representaba otra vez a NLD, un destacado editor de nuestra industria *twitteó*: «¡Algunos tipos hacen cualquier cosa por renovar a un escritor como cliente!».

CINCO: UN PASTOR CONOCE A SUS OVEJAS

1. Barbara Brown Taylor, *The Preaching Life* (Lanham, Md.: Rowman & Littlefield, 1993), pp. 146-147.
2. George Will, «La naturaleza y el sexo masculino», *Newsweek*, 17 junio 1991.

SEIS: UN PASTOR LE HABLA A SUS OVEJAS

1. Génesis 45:3.
2. Robert Wolgemuth, *She Calls Me Daddy: 7 Things You Need to Know about Building a Complete Daughter*, reimpresión en rústica (Colorado Springs: Focus on the Family, 2014), p. 59.
3. Albert Mehrabian, *Nonverbal Communication* (New Brunswick, N.J.: Aldine Transaction, 1972), p. 182.

SIETE: UN PASTOR SATISFACE A SUS OVEJAS

1. DreamBuilders (www.dreambuildersnetwork.com) fue fundado en 2004 por mi amigo Kennan Burch. Mediante esta «red encubierta de amigos», Dios nos ha brindado fielmente el gozo de tener grandes sueños y contarnos unos a otros acerca de ellos.

2. «La mujer quedó convencida. Vio que el árbol era hermoso y su fruto parecía delicioso, y quiso la sabiduría que le daría. Así que tomó del fruto y lo comió. Después le dio un poco a su *esposo que estaba con ella*, y él también comió» (Génesis 3:6, NTV).

DIEZ: UN PASTOR CONSUELA A SUS OVEJAS

1. Phillip Keller, *A Pastor Looks at Psalm 23* (Grand Rapids, Mich.: Zondervan, 1970).

ONCE: UN PASTOR ALIMENTA A SUS OVEJAS

1. Janis Frawley-Holler, «The Sacred Table», *Family Circle*, 8 octubre 2002, p. 210.
2. https://www.goodreads.com/author/quotes/2876959.Charles_Haddon_Spurgeon.
3. Por respeto y reverencia, algunos judíos no escriben el sagrado nombre de «Dios», y omiten las vocales. Aunque los cristianos no tienen reparos en deletrear todo el nombre de Dios, la costumbre judía es un ejemplo poderoso de reverencia. Ver Isaías 6:1-7.

DOCE: UN PASTOR ANIMA A SUS OVEJAS

1. Albert Willemetz, Charles Lucien, Maurice Jacques-Yvain Derechos reservados © 1965, EMI Music Publishing, Sony/ATV Music Publishing LLC, Universal Music Publishing Group. Bobbie cambiaba la cuarta línea cuando la cantaba para mí.
2. Joshua Wolf Shenk, «The Power of Two», *The Atlantic*, julio-agosto 2014, http: //www.theatlantic.com/magazine/archive/2014/07/the-power-of-two/372289/; ver también, ídem, *Powers of Two: Finding the Essence of Innovation in Creative Pairs* (Nueva York: Houghton Mifflin Harcourt, 2014).

TRECE: UN PASTOR SATISFACE LAS NECESIDADES DE SUS OVEJAS

1. Estos conceptos están identificados y ampliados en Robert Wolgemuth y Mark DeVries, *The Most Important Year in a Man's Life* (Nashville: Thomas Nelson Publishers, 2003).

CATORCE: UN PASTOR APACIENTA A SUS OVEJAS

1. http://www.ccel.org/ccel/wesley/journal.vi.ii.xvi.html.
2. La mayoría de los eruditos bíblicos confiables concuerda en que en el Nuevo Testamento «anciano» y «pastor» son términos intercambiables. Por lo que en este texto Pedro está hablándonos a ti y a mí.

3. Gracias al doctor John MacArthur por algunos de estos útiles pensamientos.

QUINCE: AMOR PARA TODA LA VIDA: CÓMO TERMINAR BIEN

1. Daniel Iverson, 1926 derechos reservados © 1982, Hope Publishing Company, Carol Stream, IL. El hijo del doctor Iverson, William, realizó en 1957 la ceremonia de bodas de Art y Nancy DeMoss, los padres de Nancy.

APÉNDICE: CÓMO ACEPTAR AL BUEN PASTOR COMO TU BUEN PASTOR

1. C. S. Lewis, *Cristianismo... ¡y nada más!* (Caribe: Miami, 1977), pp. 164-165.
2. James A. Baldwin, *Collected Essays* (Nueva York: Library of America, 1998), p. 330.